# 我国天然气
## 储备体系构建与制度优化研究

RESEARCH ON CONSTRUCTION AND SYSTEM OPTIMIZATION OF
NATURAL GAS RESERVE SYSTEM IN CHINA

马 杰◎著

经济管理出版社
ECONOMY & MANAGEMENT PUBLISHING HOUSE

图书在版编目（CIP）数据

我国天然气储备体系构建与制度优化研究/ 马杰著 . —北京：经济管理出版社，2020. 11
ISBN 978-7-5096-7651-6

Ⅰ.①我…　Ⅱ.①马…　Ⅲ.①天然气储存—研究—中国　Ⅳ.①F426.22

中国版本图书馆 CIP 数据核字（2020）第 236627 号

组稿编辑：丁慧敏
责任编辑：丁慧敏　张广花　康国华
责任印制：赵亚荣
责任校对：陈晓霞

出版发行：经济管理出版社
　　　　　（北京市海淀区北蜂窝 8 号中雅大厦 A 座 11 层　100038）
网　　址：www. E-mp. com. cn
电　　话：(010) 51915602
印　　刷：唐山昊达印刷有限公司
经　　销：新华书店
开　　本：720mm×1000mm/16
印　　张：12. 25
字　　数：200 千字
版　　次：2020 年 11 月第 1 版　　2020 年 11 月第 1 次印刷
书　　号：ISBN 978-7-5096-7651-6
定　　价：68. 00 元

江西省高校哲学社会科学重点研究基地招标项目
"我国天然气战略储备体系构建与制度优化研究"
（项目编号：JD20002）
东华理工大学地质资源经济与管理研究中心
东华理工大学"核资源与环境经济"创新团队
东华理工大学资源与环境经济研究中心
江西省资源与环境战略软科学研究基地


联合资助

## 参与研究的工作人员

王玲玲　李梦莲　袁　悦　刘　璐

前言
**Preface**

中国经济高速发展，工业化水平不断提高，对能源的需求不断增加。天然气作为化石能源中唯一的低碳、清洁能源，在我国能源体系中发挥着越来越重要的作用，正在成为推动全球能源转型的中坚力量。对中国而言，提高天然气在一次能源中的比例，可以减少煤炭的消耗量，从而达到环保的目的，也可以减少对国外石油的依赖。因此，提高天然气在一次能源中的比重成为近几十年来我国重要的能源结构调整措施之一。近年来，中国的天然气消费大幅度增加，成为世界上最大的天然气消费市场。由于国内的天然气资源有限，导致常规天然气的增产能力不足，产量日益接近峰值。天然气的供应缺口持续增大，供需矛盾日渐显著，对外依存度大幅攀升，目前，已超越日本成为全球第一大天然气进口国。与此同时，我国储气基础设施建设滞后，储气能力低于欧美发达国家的平均水平。此外，全球政治经济一直处于敏感变化之中，如果中国不能保证天然气储备充足，便无法迅速应对天然气供应中断的情况。在此情况下，我国天然气能源安全逐渐受到威胁。多国的实践表明，建立健全天然气储备体系是应对短期和中期天然气供应中断、保障天然气行业平稳运行和经济社会稳定发展的有效途径。加强我国的天然气储备建设，在应对市场价格波动、防止短期供应中断及保障国家能源安全等方面具有重要的战略意义。

本书采用文献和理论研究、比较分析、定性分析与定量分析相结合及规范研究与实证研究相结合的方法，将天然气作为研究对象，对我国天然气的安全形势和储备政策的实施效果进行定量化实证分析，探索符合我国国情的天然气储备体系，并提出制度优化建议。本书分为八章，第一章为绪论，主要介绍本书的研究背景、研究目的和意义、研究内容、研究方法与技术路线以及主要创新点。第二章为理论基础和研究评述，首先介绍了天然气的相关理论；其次从天然气安全策略的研究、天然气安全评价以及天然气储备制度的研究三个方面介绍了国内外研究的现状；最后提出我国应积极借鉴发达国家的先进经验，建立科学的天然气战略储备体系与管理制度。第三章为我国天然气安全评价，首先剖析了我国天然气发展现状；其次在定性分析的基础上构建了一个涵盖八个天然气能源安全研究指标的 4-As 模型，研究了我国天然气的安全形势，提出了目前我国天然气能源安全形势不容乐观的结论；最后从调峰储备和战略储备两个方面阐述了我国天然气储备的必要性及重要意义。第四章为天然气储备体系的建设现状，首先对天然气储备的内涵功能定位进行了阐述；其次分析了一些国外发达国家天然气储备建设的现状，并总结了其天然气储备建设的发展经验；最后对我国天然气储备建设的现状进行了分析，指出了我国天然气储备建设存在的问题。第五章为我国天然气储备体系建设的政策内涵与政策实践，首先阐述我国天然气政策的变迁；其次对我国天然气储备政策进行梳理；最后运用层次分析法对影响我国天然气储备的因素进行分析，并提出相应的改进建议。第六章为我国天然气储备体系的构建，首先梳理了我国天然气储备体系的构建原则与构建思路；其次对天然气的存储方式进行了研究，总结了各类天然气的储存方式及其优缺点；最后提出了储气库与 LNG 中继站并存的储备模式，并根据我国不同区域的地域特点，合理布局，多气源、多形式、多方向地保障天然气的供应安全。第七章为促进天然气储备体系建设的政策优化路径及制度安排，首先从优化路径出发，针对相关问题提出一个概括性的解决对策。其次在制度安排中提出具体化解决对策。最后，借鉴国外的运营管理经验，探索符合我国国情的运营模式及方案；从我国天然气调峰储备规范依据和天然气调峰储备法律制度的主体责任划分两个方面完善天然气调峰储备法律制度；对天然气产业监管体系中的监管机制提出了优化路径，为推动天然气市场的多元化发展提出了制度安排。第八章为研究结论与展望，总结本书所做的工作，并提出未来的研究方向。试图从理论和实证的角度进行研究，丰富天然气安全评价方法和天然气政策绩效评价方法，为我国的天然气储备体系建设及制度安排提供理论指导和操作建议。

目　录
**Contents**

# 第一章

## 绪　论

## 第一节　研究背景

天然气作为洁净环保的优质能源，在我国能源体系中发挥着越来越重要的作用。当前，世界正在进行着以低碳化和无碳化为特征的新一轮能源转型，能源转型需要发展非化石能源和清洁利用化石能源。作为化石能源中的低碳清洁能源，天然气正在成为推动全球能源转型的中坚力量。随着工业化的高速发展，生态问题日益突出，环境形势日益严峻，能源结构转型迫在眉睫。近年来，国内能源结构优化改革有序推进，通过提高煤炭市场的准入标准、降低产能等措施，加大环境保护力度，继续推进节能减排和煤炭置换，助推天然气消费需求的不断攀升，天然气在诸多消费领域逐步取代煤炭和成品油，消费量和消费比重持续攀升。

随着我国经济增长速度和能源需求的不断提升，受能源结构总体优化调整的影响，天然气产业将在较长时期内快速发展。由于国内天然气资源有限，导致常规天然气的增产能力不足，新发现的储量主要用于弥补减少的储量，产量日益接近峰值。煤层气和页岩气等非常规天然气资源受技术、成本等诸多因素的影响，生产规模受限。国内增产动力不足，全国天然气生产总量的增速由快速阶段进入中低速阶段。2019 年，我国天然气产量为 1701 亿立方米，同年，我国天然气消费量为 2960 亿立方米，生产规模远远低于消费需求，致使我国天然气的对外依存度快速增长。2019 年，我国天然气的对外依存度上升至 43.4%。天然气的供应缺口持续增大，需求增速远高于国内的生产增速，供需矛盾日渐显著，我国天然气安全逐渐受到威胁。

天然气安全是能源安全的核心内容之一，是国家安全的重要组成部分。多国的实践表明，建立健全天然气储备体系是应对短期和中期天然气供应中断、保障天然气行业平稳运行和经济社会稳定发展的有效途径。随着我国天然气需求规模的不断扩大，建立规模适宜、方式多元、布局合理、应急有效的天然气储备调峰体系成为我国的长期目标。加速构建和发展天然气战略储备体系及调峰储备体系、保障天然气安全供给、促进经济社会稳定发展已经迫在眉睫。首先，在我国全面建设现代能源产业体系的这一背景下，天然气产业定能取得不错的发展成绩。我国的自产天然气供不应求，对外依存度逐年攀升，因此，需要加快天然气储备体系的构建，以确保天然气的安全平稳供给。其次，近年来，我国的天然气储备基础设施建设取得了较大进展，储气调峰能力实现了从无到有、从有到多的跨越式发展，但仍难以满足日益增长的调峰需要，进一步加快地下储气库等调峰储气设施建设尤为迫切。最后，近年来，国际天然气供应有所放松，国际油气价格处于较低水平，这给我国大力推进天然气战略储备体系建设提供了大好机会。因此，可以借鉴我国石油战略储备模式的成功经验，加快建成我国天然气战略储备体系。

储气设施是促进天然气供给和需求动态平衡、提高安全供应能力的有效基础设施。近年来，我国天然气工业处于黄金发展期，天然气消费量持续攀升，在国家能源系统中的地位不断提高。我国储气基础设施的建设相对落后，储气能力明显低于世界平均水平，成为阻碍天然气安全稳定供给和行业健康发展的薄弱环节。结合我国的实际情况来看，目前，天然气储备建设的进程整体偏缓，存在一些问题和挑战。

首先，调峰能力不足，无法满足未来天然气市场的调峰需求。我国现已建成气藏型和盐穴型地下储气库 25 座，按地域可分为 10 座库群，分布在东北、环渤海、长三角和中南等七大区，调峰能力超 100 亿立方米，调峰覆盖 10 余个省市，大大地缓解了冬季用气紧张的局面。LNG 储备能力开始形成，我国已在北京、上海、长沙、武汉、西安和成都等城市建设了一定数量的液化天然气仓储站，规模从数百立方米到十多万立方米不等。尽管储气设施建设取得了长足进步，但目前的调峰能力仍存在不足。由于呼图壁、相国寺、苏桥和金坛等大容量的储气库刚刚建成不久，尚在注气阶段，调峰能力仍然不足，设计的工作气量还难以充分发挥。目前，冬季调峰主要依靠储气库、LNG、气田和减少市场用量等调峰方式，气田调峰和压减市场仍然是最主要的两种调峰方式。气峰谷差最大的地区，调峰缺口更加明显。环渤海地区是我国用气峰谷差最大的地区，调峰需求大。据预测，即使目前已建和在建的储气库全部达容，2020 年仍将存在调峰缺口。环渤海地区的油气田较多，具备一定的库址选择条件，但是优质储气库库址资源少，选择难度大，投资偏高。如果不能妥善解决储气调峰问题，将出现冬季高峰采气能力不足的问题。按照储消比为 15% 进行计算，2020 年底，我国天然气市场需求和调峰需求将分别达到 4000 亿立方米和 600 亿立方米，而目前我国地下储气库调峰能力只有 42 亿立方米。按照稳定输气的 0.2 倍进行市场调峰计算，我国 LNG 接收站的调峰能力仅为 26 亿立方米。由此可见，目前调峰设施的调峰能力远不能满足未来天然气市场的调峰需求。

其次，储气价格和运行机制等问题突出。储气设施无法单独定价，新建储气设施发展受限。目前，中国储气库一直作为管道的辅助设施，未进行单独定价，储气过程中所发生的投资、成本等费用都与管道的经济效益捆绑在一起，储转费计入管输费中，未在天然气价格体系中单独设置"储气费"款项。在"十二五"建设国家商业储备库前，地下储气库投资，一般纳入管道投资，通过管输费回收，储气库建设投资没有配套的调峰气价和储转费政策。国家出资建设的天然气商业储备库，建设投资（含垫底气）和30%的工作气采购费用以所得税返还的形式由国家支付，资产归集团公司所有，储气库运行费由企业承担。

最后，调峰和应急保障机制均亟待加强，天然气储备保障体系和支持政策均有待完善。目前国家对天然气产业链各个环节的调峰责任有待明确界定。目前，上游企业调峰任务较重，不仅承担着供气区域内的季节调峰，同时承担着重点地区的日调峰，调峰任务艰巨。同时，中国天然气应急储备建设的投资机制有待完善，缺乏相应的定价机制和激励政策，导致天然气产业链中的上游、中游、下游不积极，以至于冬季天然气调峰能力和手段十分有限。尚未建立有效的天然气预警机制和紧急应对机制，预测预警和应急响应机制是应对短期能源中断问题的重要手段。目前，我国在这方面也尚未构建起完善成熟的运作机制。此外，我国对于如何参与国际能源安全合作框架等缺乏实质进展。我国与全球和区域国际能源组织几乎都有合作关系，但实质性合作不多，不利于利用国际力量协同应对能源安全风险。海外油气资源合作中，对突发事件缺乏有效的应急机制，缺乏健全的多手段、多方案的应急体系。

# 第二节 研究目的和意义

## 一、研究目的

本书将天然气作为研究对象，对我国天然气的安全形势和储备政策的实施效果进行定量化实证分析，探索符合我国国情的天然气储备体系，并提出制度优化建议。其主要目的在于：试图从理论和实证的角度进行研究，丰富天然气安全评价方法和天然气政策绩效评价方法，为我国的天然气储备体系建设及制度安排提供理论指导和操作建议。具体体现在以下几个方面：

首先，丰富天然气储备体系构建和政策优化的相关研究文献，为研究我国的天然气安全情况、天然气储备建设现状及政策内涵与实践提供了一种新的分析思路和依据。

其次，在理论研究和规范性实证研究的基础上，对我国天然气安全的发展历程和现状及目前天然气储备相关政策的实施效果进行全面而客观的判断。

最后，在理论研究的基础上，根据我国天然气安全现状和政策绩效评价结果，从优化路径的角度出发，针对相关问题提出概括性的解决对策，继而在制度安排中提出具体化的解决对策，从运营管理模式、法律制度、天然气产业监管体系及投资和价格体制等方面，为天然气储备体系建设和制度安排提出一套有效的政策性建议。

## 二、研究意义

中国经济高速发展，工业化水平不断提高，对能源的需求不断增加。能源消费不仅给环境保护带来了压力，还给中国能源战略安全带来了压力。在环境保护方面，酸雨、全球变暖、森林面积减少和海平面上升都将成为人类未来要面临的生存挑战。在中国，由于煤炭消费量的持续增长和机动车保有量的迅速攀升等原因，城市空气质量明显下降。

随着我国能源总需求的不断增加，能源领域的对外依存度过高。我国能源战略安全的脆弱性直接关系着国家的战略安全。从目前的情况来看，在新能源领域实现突破还需要一定的时间，在相对较短的时间内能够实现突破的主要手段是调整能源格局、降低单一类型能源的进口比例。因为天然气对其他化石能源的替代性较强，所以对中国而言，提高天然气在一次能源中的比例，可以减少煤炭的消耗量，从而达到环保的目的，也可以减少对国外石油的依赖。因此，提高天然气在一次能源中的比重成为近几十年来我国重要的能源结构调整措施之一。天然气作为一种气态能源，对输送、存储等物流环节的基础设施具有较强的依赖性。此外，考虑到上游突发故障和下游调峰等问题，充足且完善的天然气战略储备体系直接关系着国家能源安全，完善的天然气战略储备体系有利于提高能源体系安全的保障能力。

研究我国的天然气储备体系建设和制度优化，是贯彻落实当前国家调峰储备责任政策的积极反应。调峰储备作为解决用户用气不足的有效方法，其研究显得尤为迫切。为了保障其良好的运行秩序，制度方面的规范是必不可少的。在天然气调峰储备体系的建设和运营过程中，若存在科学的制度对其进行规范，将有利于社会秩序的维护以及社会主义和谐社会的构建。本书从优化路径的角度提出了相关问题的总体解决方案，在制度安排上提出了具体的解决对策，以期为我国天然气调峰储备制度的优化提供一些理论参考。

我国天然气市场发展迅速，天然气在一次能源消费中所占的比重不断上升。在需求方面，由于天然气的使用存在季节性和时段性，导致一年或一天之中存在用气高峰和低谷的状况，高低峰的谷数值差异颇大。随着天然气市场规模的逐渐扩大，用气谷峰差不断增加。在天然气供应不足时，只能选择停气或者限气，这势必会对居民的正常生活产生影响。因此，加强天然气储备设施建设已成为我国的当务之急，构建更加完善的天然气储备体系，保证其高效运转，是保障天然气安全供给、改善民生、保护环境以及促进我国经济社会稳定、健康、有序发展的重要措施。基于此，完善天然气储备相关制度显得尤为重要。有力的制度保障，对加快我国天然气储备体系的建设进程和加强运行秩序的维护具有不容忽视的现实意义。

# 第三节　研究内容

本书共分为以下八章：

第一章为绪论。主要介绍本书的研究背景、研究目的和意义、研究内容、技术方法与路线以及本书的主要创新点。

第二章为理论基础和研究评述。本章主要介绍了天然气的相关理论：系统理论、可持续发展理论、危机管理理论、战略管理理论、天然气安全理论以及天然气储备理论；评述了国内外关于天然气安全策略、天然气安全评价以及天然气储备制度的研究现状；进而提出我国应积极借鉴发达国家的先进经验，建立科学的天然气战略储备体系与管理制度。

第三章为我国天然气安全评价。本章首先剖析了我国天然气发展现状，从天然气资源概况和行业发展状况以及市场供需情况三个方面探讨了我国天然气资源潜力、产业链发展现状及供需关系问题，进而对我国天然气的安全形势进行了定性分析，并通过构建 4-As 模型定量评价了我国天然气的安全形势。在此基础上，从调峰储备和战略储备两个方面阐述了我国天然气储备的必要性及重要意义。

第四章为天然气储备体系的建设现状。本章对国外典型国家的天然气储备建设现状进行了分析，从国外天然气储备建设中总结出四点经验；从我国天然气储备需求、天然气储备设施建设情况和天然气储备设施的运营情况等方面对我国天然气储备体系的建设现状进行分析，发现我国天然气储备体系面临天然气基础设施较滞后、互联互通程度不足、价格机制有待完善、储气库的建造技术有待进一步突破等挑战。

第五章为我国天然气储备体系建设的政策内涵与政策实践。本章从组织、结构、技术和产业布局四个方面阐述了我国天然气产业的政策；从法律、行政法规和部门规章三个方面对我国的天然气储备政策进行梳理；在此基础上，运用层次分析法对影响我国天然气储备的因素进行分析，并针对分析结果给出提升我国天然气储备能力的对策建议。

第六章为我国天然气储备体系的构建。本章主要阐述了我国天然气储备体系的建设与布局：首先梳理了我国天然气储备体系的构建原则与构建思路，提出了天然气储备的运作模式；其次对天然气的存储方式进行了研究，总结了所有天然气储存的可能方式，对气、液、固三种形式的天然气储运过程进行了详尽的技术经济分析，并总结出了每种储存方式的优缺点；最后提出了储气库与 LNG 中继站并存的储备模式，并根据我国不同区域的地域特点，合理布局，多气源、多形式、多方向地保障天然气的供应安全。

第七章为促进天然气储备体系建设的政策优化路径及制度安排。针对目前我国天然气储备体系存在的主要问题提出相关解决对策，先从优化路径出发，针对相关问题提出一个概括性的解决对策，然后在制度安排中提出具体化解决对策；借鉴国外的运营管理经验，探索符合我国国情的运营模式及方案；从我国天然气调峰储备规范依据和天然气调峰储备法律制度的主体责任划分两个方面完善天然气调峰储备法律制度；对天然气产业监管体系中的监管机制提出了优化路径，为推动天然气市场的多元化发展，提出了制度安排。

第八章为研究结论与展望。本书总结了研究中所做的工作，并提出了未来的研究方向。

# 第四节 研究方法与技术路线

## 一、研究方法

本书对我国天然气储备体系的构建与制度优化进行研究。对天然气的理论基础进行总结，并对国内外研究现状进行系统评价。通过分析模型定量评价我国天然气的安全形势，分析我国天然气储备体系建设的现状和政策内涵，探索我国天然气战略储备体系的构建和政策优化路径及制度安排，具体的研究方法如下：

### （一） 文献和理论研究方法

通过大量阅读国内外关于天然气储备的权威专家和机构的最新研究论文与书籍，并对其研究方法及结果进行比较分析，逐步形成自己的关于构建我国天然气储备体系的研究思路和方法。在理论方面，运用经济学、统计学和天然气领域的相关基础理论等知识分析了我国天然气安全形势及天然气储备体系的建设现状，研究了我国天然气储备体系构建的政策内涵与实践，提出了构建天然气战略储备体系和制度优化的建议及措施。

### （二） 比较分析法

首先是横向对比，借鉴发达国家在天然气储备体系构建方面的经验教训，分析了我国与这些国家在体系建设及其成果方面存在的差距，提出了切合我国实际的天然气储备体系建设方案；其次是纵向对比，对我国天然气政策和能源安全的发展历程进行对比，总结发展趋势和特征，对影响我国天然气储备的因素进行分析，并针对分析结果给出提升我国天然气储备能力的对策；最后是将实际问题与理论进行比较，遵循理论原理和路径，以理论为指导，解决我国天然气储备体系构建所面临的实际问题。

### （三） 定性分析与定量分析相结合的方法

本书通过构建天然气能源安全评价指标体系和 4-As 模型，定量分析了我国天然气能源安全的变化历程和现状，确定了影响天然气安全的重要因素，并指出了我国进行天然气储备建设的必要性及重要意义；运用层次分析法对影响天然气储备的因素进行分析，通过构建天然气储备政策绩效评价指标体系，对政策效能进行评价，确定影响天然气储备发展的关键要素，并在政策效能分析的基础上提出改进措施。与此同时，本书还运用了定性分析法，如指标体系中的具体指标都是根据定性理论进行选择的。

### （四）规范研究与实证研究相结合的方法

规范研究和实证研究一直被广泛应用于经济问题的研究中。规范研究通过解释现象来分析现象的事实和原因，其重点在于对现象进行客观准确的描述，即解决"是什么"和"为什么"这两个问题。而实证研究是对一项活动的客观评价，侧重于该活动或行为的价值判断，即回答"应该是什么"的问题。本书关于国内外天然气储备建设现状的分析及从中得到的启示属于规范研究的范畴，而我国天然气能源安全度和政策实施效能的定量分析则属于实证研究的范畴。

## 二、技术路线

本书的技术路线如图 1-1 所示。

# 第五节　主要创新点

（1）本书对天然气的基础理论进行了更全面的分析和介绍。之前的诸多研究侧重于研究主题的某个理论知识的简要阐述，而本书较为详尽地介绍了与天然气储备相关的六大理论，即系统理论、可持续发展理论、危机管理理论、战略管理理论、天然气安全理论和天然气储备理论，

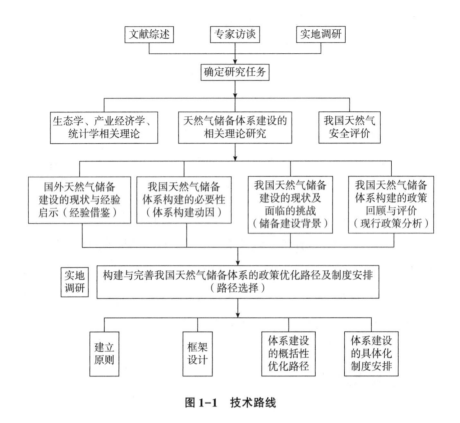

**图 1-1　技术路线**

构成了天然气储备理论基础体系，为后文的顺利展开奠定了扎实、全面的理论基础。

（2）通过定性分析我国天然气安全的主要影响因素，得出我国天然气能源安全度受到天然气资源的可获得性、技术的可适用性、社会的可接受性和能源资源的可支付性的共同制约。基于此，构建了一个涵盖八个天然气能源安全评价指标的 4-As 模型，选取我国 2000~2019 年的天然气相关数据，通过绘制我国天然气能源安全度演变趋势的四维雷达图，定量评价了我国天然气安全的变化历程和现状，为探索我国天然气储备建设的必要性与紧迫性提供了现实依据。

（3）对我国天然气储备体系建设的政策内涵进行了角度创新。从产业链的视角，对中国天然气产业政策进行了较为完整而系统的梳理，研究视角具有全局性，研究结论对解释当前天然气产业的现实问题具有较强的针对性和普遍性。与此同时，在对我国天然气储备政策进行评价的过程中，创新性地采用层次分析法构建了一个三阶递阶模型，对我国的天然气储备政策绩效进行了评价，建立了天然气储备政策评价指标体系，对政策效能进行了评价，找出了影响我国天然气储备政策的关键因素，为我国天然气储备体系建设的政策支持部分提供了改进建议。

（4）在天然气储备体系建设的政策优化路径及制度安排的研究上，从多方面、多视角进行深入分析。以往的研究主要集中在某一个方面，从多个不一样的角度提出相关建议的研究较少。在研究内容上，首先是确定运营模式；其次提出完善的相关政策以规范运营，进一步提出有关谁来监管、如何监管的监管细节；最后提出进一步发展储气库，推进市场化改革，严谨规范解决思路和理论逻辑。

# 第二章

# 理论基础和研究评述

## 第一节　系统理论

系统被定义为一个具有一定功能的有机整体，它是由若干要素以一定的结构形式组成的，包括系统、要素、结构和功能这四个概念，要素与要素、要素与系统及系统与环境之间存在密不可分的联系。系统理论的基本思想是将研究对象作为一个系统，分析其结构和功能，探析系统、要素和环境之间的联系。世界上的事物都可以被看作一个系统，系统存在于方方面面。系统理论认为，所有系统都具备完整性、关联性、动态平衡性和时序性的特征。学者贝塔兰菲提出，任何系统都是一个有机的整体，它不是部分的机械组合或简单的相加，系统理论的核心思想即为整体性。

构建天然气战略储备体系要从系统理论中的整体性角度出发，充分考虑天然气的开采、运输和使用等步骤，环环相扣。在建立天然气战略储备体系时，还要考虑环境要素，统筹兼顾，因地制宜，各个区域要结合自身的自然环境条件具体情况具体分析。体系中的每一个组成部分都不是孤立存在的，每一个部分都在战略储备系统中的某个位置上发挥着特定的作用。这些体系中的每一块相互关联，构成了完整的天然气战略储备体系。如果体系中的每一块相互分离，且与整个战略储备系统分离，那么它也将失去其自身的功能。天然气战略储备体系包含了系统、要素、结构和功能四个部分，还包含了若干要素，具有完整的结构，每一部分又有其特定的功能，相互联系，密不可分，具有较强的完整性。

# 第二节　可持续发展理论

可持续发展理论指的是既满足当代人的需要，又不影响子孙后代的需要。可持续发展的基本原则是公平性、可持续性以及共同性，最终目标是实现一种公平公正、互相协调、高效率、多元化的发展。第一原则是公平性，这种公平指的是机会选择上的平等，包括两个方面：从横向上看，当代人的机会选择需要平等，满足其对资源的合理需求；从纵向上看，由于自然资源的有限性，可持续发展理论还要求考虑未来各代人的生活需求。当代人不仅要考虑自身的需求和消费，还要对子孙后代的需求和消费负起责任，当代人比后代在资源的开发利用上更具有优势，而可持续发展理论中的公平性要求任何一代人都不应处于支配地位，每一代人都应有同样的选择机会。可持续发展理论的第二原则是可持续性原则，可持续原则是指生态系统在受到干扰时，依然能保持其生产力。资源是人类赖以生存与发展的基础，资源的可持续利用是人类社会发展的基本条件。共同性原则是可持续发展理论的第三原则，共同性要求我们协同合作，在资源利用上与各国加强合作，取长补短，共同维护好我们的地球村。

在建立天然气战略储备体系与制度时，要充分贯彻落实可持续发展理论，坚持走可持续发展道路。天然气是一种清洁能源，对环境的污染较小，在工厂的生产中、居民的生活中，越来越受到人们的欢迎。但天然气是不可再生资源，不能进行二次利用，如果无计划地大量开采，那么以后将面临天然气资源枯竭的问题，还会对环境造成一定程度的破坏。可持续发展理论要求人们合理开发天然气资源、合理利用天然气资源。在开发利用天然气资源时，要避免过度使用，同时积极寻找替代资源。可持续发展理论包括两个基本要素："需要"与"限制"，在满足人们对天然气资源需要的同时，对人们的需要量也要加以限制，遵守可持续发展中的公平性、可持续性以及共同性原则，维护生态的有效平衡。生态的可持续性是发展的基础，经济的可持续性是发展的条件，社会的可持续性则是发展的最终目的，经济发展要与自然保护和谐统一。经济发展固然重要，但不能以牺牲环境为代价，天然气的开采及使用要充分贯彻可持续发展理论，倡导科学的、高质量的经济增长模式，与环境的承载力相符。

# 第三节　危机管理理论

在危机管理理论中，最著名的是由美国著名危机管理专家罗伯特·希斯提出的危机管理4R模式，即缩减力（Reduction）、预备力（Readiness）、反应力（Response）和恢复力（Recovery）。缩减力是危机管理理论的核心，风险的降低和时间的缩短能有效地降低危机发生的可能性，或是减少危机所带来的影响。危机缩减力的管理主要从环境、结构、系统和人员等方面入手。预备力是指在危机管理中建立预警与监测系统，对危机进行预警监测，若出现危机，则做出反应，并发出信号。反应力是指当危机发生时，需要采取应对策略，首先是识别出危机，确认危机的发生及程度；其次是处理危机，采取有效措施将危机顺利解决，把损失降到最小；最后是总结危机，避免下次出现同样的危机。恢复力是指在危机发生之后，即刻采取措施对危机进行控制，控制住危机之后，迅速挽回，避免造成较大的损失，并制订恢复计划，尽快摆脱危机造成的后果。

将危机理论中的 4R 理论，即缩减力、预备力、反应力和恢复力理论运用到天然气的开采、储备、运输和使用等过程中，特别是安全事故的处理过程。为避免发生天然气安全事故，要建立预警系统，这样一旦发生安全事故，相关管理人员能及时反应过来，将事故控制住。同时，注重反应力理论的运用，当事故发生时，及时采取应对策略，有效地处理危机，把人力、物力和财力等损失最小化。发生安全事故之后，积极进行总结，吸取经验与教训，及时改正不完善的管理方式方法，检修设备是否存在故障，同时，快速制订恢复计划，避免损失过大，在危机中求发展，提高我国天然气的安全保障能力。此外，天然气的危机理论还体现在能源危机方面，因为天然气供应短缺或价格上涨会影响经济。我国天然气资源供不应求，对外依存度高，如果进口的天然气出现供应中断，那么我国天然气就会陷入供不应求的危机中，能源危机会造成经济衰退，而经济又与政治、文化密不可分。因此，天然气若出现危机，就会严重影响到社会生产、经济发展与居民生活。面对危机，我国应该用科技手段去化解可能出现的天然气危机，加强与世界天然气大国的合作，加强本国天然气相关基础设施建设。

# 第四节　战略管理理论

战略管理理论是指在一定时期内的全局、长远的发展方向、目标、任务和政策，以及为资源调配做出的决策和管理艺术。战略管理理论从内容上看包括三个步骤，首先是战略设计，根据具体的环境，结合优势和劣势，以及长远的发展目标，因地制宜地制定战略，提高资源利用的效率；其次是战略实施，将设计的战略付诸行动，当环境变化时，及时调整；最后是战略评估，审视战略实施的结果，针对战略实施中出现的问题，总结经验，不断更新战略管理的方式和方法，为更好的战略管理打下基础。

天然气战略管理理论是指国家为了应对突发状况，如战争、自然灾害等，为保障国家、企业和居民生活的天然气供应安全，有计划地储存一定量的天然气。天然气的战略管理需要以全局、长远的眼光进行方案设计，包括三个步骤：第一步是战略设计，根据每个地区的具体情况，因地制宜地设计天然气的管理战略，构建科学的战略储备体系与制度；第二步是实施具体的管理战略，将设计方案付诸实践；第三步是评估天然气管理结果，改善战略管理体系，完善管理制度。这三个阶段层层递进，紧密结合。战略设计是战略实施的基础，战略实施是战略评估的依据，战略评估又能为战略设计与战略实施提供经验总结，三个步骤相辅相成。此外，天然气的战略管理要有全局性，要以全局的眼光看问题，统筹兼顾，科学、高效地设计管理体系，与时俱进。天然气的主要储备方式有气田、地下储气法、地上储存法和液化天然气四种。天然气的战略储备作用主要有四点，第一点是能够有效满足季节性高峰用气的需求；第二点是可以解决应急的需要；第三点是能够形成战略保障，当天然气的供应国家或地区由于政治局势动荡、罢工事故等造成停产，或因长时期的洪水、地震、风暴等自然灾害造成运输环节中断，或是 LNG 国际贸易中断等突发状况导致供应中断时，天然气战略储备能够满足国内天然气的需求；第四点是能够平抑气价，可以通过在期货市场低价购进、高价卖出的方式平抑价格，还可以出租储备设施，提高天然气储备设施的利用效率。

# 第五节　天然气安全理论

20 世纪 70 年代，世界爆发了石油危机，"能源安全"的概念首次被提出，当时，能源安全主要是指石油这类能源的安全。1974 年，"能源安全"的定义随着国际能源署的成立正式被提出。1997 年，《京都议定书》签署后，怎样安全、有效地使用能源成为各国研究的重点。能源安全分为两个部分，稳定供应和安全使用。稳定供应是指稳定地给居民提供日常生活中需要的能源；安全使用是指在开采和运输、使用过程中注重安全性，坚持可持续发展的原则，维护生态平衡。能源安全需要与世界各国互帮互助、互利合作。

天然气安全理论是指在维护生态平衡、保护环境的基础上，高效开发利用天然气，保持经济可持续发展。天然气的安全受天然气的供需情况、运输条件、技术水平和国家战略等的影响。首先是供需情况，天然气的供需情况能直接影响能源安全，若天然气的供给十分充足，那么天然气的使用就不会受到其他国家的压制，还会为本国的经济发展提供有力的支持。其次是运输条件，天然气性质特殊，对运输条件的要求较高，距离越近越安全。最安全的运输方式是管道运输，不受气候的影响，但如果距离较远则成本过高。再次是技术水平，天然气对技术水平的要求很高，水平的高低在一定程度上影响着天然气的安全，技术水平高，则国家的能源竞争力也随之提高。最后是战略因素，国家对天然气的战略也是影响天然气安全的重要因素之一，如国家对天然气价格的把控等。天然气的战略储备也影响着天然气的安全，储备充足则能为国家的能源安全提供良好的保障。

# 第六节　天然气战略储备的相关理论

战略储备是指为保障国家、社会与企业的能源供应安全，有计划地储备一定数量的煤、石油和天然气等不可再生能源，防止进口受到限制时能源供应出现短缺，影响经济的发展。天然气战略储备的目标和作用与石油相同，但两者在资源供应、获取、储存和输送及相关成本方面存在较大差别，天然气战略储备的费用要比石油高。因此，直到 21 世纪初，欧盟这个全球天然气进口量最大的区域性国际组织仍然对天然气的战略储备存在争议，争论的焦点主要集中在政治、出口、能源结构和储备费用上。

目前，国外大部分天然气生产和消费的国家基本上都建成了较为完善的天然气储备体系，特别是严重依赖天然气进口的国家，都认识到了建立天然气战略储备的重要性。尽管许多国家都有防止天然气供应突然中断的政策和措施，但只有欧洲建立和实施了天然气战略储备计划。我国的天然气行业与发达国家相比起步较晚，天然气管网应急调峰能力和应对风险能力有待提升，但随着天然气需求的日益膨胀，急需在天然气消费集中的区域建立一定的储备及应急调峰设施。此外，在天然气的储备战略中，最重要的是确保天然气供应的安全问题。根据我国能源结构和供需结构的现状，建立天然气的储备方法及手段，制定天然气安全供应的具体策略。

天然气的战略储备可以分为战略储备和商业储备，积极鼓励各种投资主体参与天然气的储备投资。战略储备也是战略管理的一种，可以从国家、行业和企业三个层面构建天然气战略储备体系，从不同的维度去测算天然气资源的总储备。在建立战略储备时，气量的确定需综合考虑进口的天然气总量、天然气进口的依存度以及集中度、国内天然气的供给量等因素，必须考虑供应中断的影响。参考发达国家的先进经验，根据我国自身的实际情况，建立两级天然气储备机制，成立国家级天然气储备中心和专业的储存天然气的公司，使国家与企业通力合作。

# 第七节　国内外研究现状

## 一、天然气安全策略的研究

天然气作为一种清洁能源，为人们的生产、生活带来了极大的便利，但同时，天然气也具有易燃、易爆等特性。在天然气的开采、加工、储存、运输和使用过程中，由于操作不当、设备故障和自然条件等状况，安全事故随时都可能发生。当安全事故发生时，如果处理不当，会造成严重的后果，如重大的经济损失等，甚至会危及人们的生命。因此，关于天然气安全的相关应急策略研究显得尤为重要。

在事故应急方面，Dong（2003）很早就提出了事故应急的安全策略。他根据美国管道公司的一些运输安全事故，结合安全管理部门关于运输管道及危险材料的报告，建立了天然气安全事故的预警及应急制度。毕玉明（2018）认为，天然气安全事故应急管理策略可以从六个方面进行概述：第一点是需要完善相关管理预案，对天然气可能发生的安全事故进行积极预防。天然气企业要结合自身的实际情况，因地制宜地制订安全事故应急预案。此外，当事故发生时，要及时与政府的相关部门进行汇报与沟通。第二点是要强化安全事故的预警工作，安装报警设备，提前对可能发生的安全事故进行自动报警，给管理人员或居民足够的反应时间。第三点是要注重运输过程中的安全，加强运输途中的管理。在停车时，保持停车的位置通风情况良好，留下工作人员监护，避免发生意外。第四点是要避免引发环境灾害等次生灾害，在设计天然气安全事故的应急预案时，需要考虑到环境污染等相关问题，如果发生事故，要及时切断天然气泄漏源，最大限度地降低对环境的危害。第五点是要合理布局开采井，远离人口稠密的地区，选择城市边缘的空旷地带。第六点是加强对天然气管理人员和技术人员的宣传教育，定期举行专业技能培训，提高相关人员的应急能力。史东磊等（2019）的研究发现，在发生天然气安全事故时，居民的应对措施也关系着人身财产安全。天然气在居民的日常生活中必不可少，每位用户都应该积极主动地学习天然气的相关知识，掌握全面运用天然气的方法，提高自身的安全常识。政府相关部门以及天然气企业需要对居民进行知识宣传，提高他们的安全意识，避免安全事故突发时造成较严重的损失。陈建强（2018）认为，完善的天然气应急预案是应对安全事故的关键。由于天然气运输的跨越范围很广，应急预案的设计必须考虑到运输途中与当地居民的沟通问题。如果发生了安全事故，需要第一时间通知当地的相关政府部门，避免给沿途居民造成人身及财产危害。

在生产储运方面，Lee（2006）研究发现，天然气的管道运输虽然是较为安全的运输方式，但仍然需要进行有效的管理与监督，重视天然气管道运输安全，建立评价体系。Clark（2004）研究了天然气管道公司的运营现状，提出要规范洲际管道的管理流程，将管道的管理体系化。李国辉和尹振香（2020）认为，在天然气的生产以及储存过程中会出现各种问题，它们会对天然气的安全使用造成威胁。例如，天然气管道的使用年限过长、管道腐蚀严重、设备使用不当等问题。此外，天然气易挥发的特点会导致空气中留有一定量的天然气，若滞留量过多，可能会发生爆炸。此外，天然气易燃、易爆，运输过程中如果遇到明火或静电，就会引发火灾。因此，在天然气运输过程中需要注意五个方面：第一点是管道的焊接技术，提高管道的质量，并进行定期检查，如有损坏，需立即修护；第二点是提高管道的抗腐蚀性，寻找有效的方法进行管道防腐，如在油气管道的外侧涂上防腐材料等；第三点是针对天然气易挥发、易燃、易爆的特性，提高相应的储存及运输设备工艺；第四点是在采购储存、运输设备时注重质量，确保采购的是合格产品；第五点是工作人员在工作中要注重细节，加强培训。赵春光（2019）研究发现，要提高天然气的生产及运输安全，还需要完善巡检制度，由于天然气的管道大部分埋在地下，存在一定的监察难度，因此，相关部门及企业要采用巡检的方式，确保管道运输的安全，避免发生安全事故。此外，巡检的方式也需要不断创新，在提高巡查技术水平的同时，降低巡检的成本。张均伟等（2020）认为，对于天然气的生产来说，生产设备的采购、运用和管理尤为重要。生产设备要确保有防静电、防火、防爆以及通风等性能，并且需要有专门的工作人员定期维护，严格执行设备管理工作，从而避免安全事故的发生。余龙辉（2020）研究发现，为了健全天然气管网的防御体系，可以采用腐蚀检测技术，用无接触式磁感应力监测技术来识别管道的焊接是否牢靠、管道的寿命可以维持多久、磁场是否发生了异常等问题。腐蚀检测技术能够有效地了解腐蚀程度与各个测量参数之间的关系，从而帮助优化腐蚀问题治理的方案，放缓管道腐蚀的速度。

在维护天然气场站安全方面，吴云鹏（2019）研究发现，天然气场站发生安全事故的主要原因是巨大能量的突然外泄，而突然外泄又是因为场站内的设备老化、坏损以及场站选址不合理等因素造成的。因此，要加强场站的日常安全管理工作，从源头上消除天然气场站的安全隐患。与此同时，还需要有效预防外部因素对天然气场站造成的威胁，如外部火灾、车辆碰撞等，这些问题即使不时常发生，也应该引起足够的重视。刘彬等（2019）研究发现，在天然气场的建设与运行中，需要注意安全问题，首先需要结合当地环境，科学合理地设计天然气场设备，全方面保障设备的运行安全；其次要提升自动化设备的优化能力，增强运行软件的性能；再次要提高设备的安全性，降低自然条件对其的影响程度，如气候、温度和风力等对设备的消极影响程度；最后要提高设备管理人员的工作能力及素质，当设备出现问题时及时技术修护，避免造成安全事故。此外，在天然气场的施工过程中需要建立严格的管理制度及监督制度，采用奖惩制度来规范相关人员的工作，提高工作人员的安全意识。每一个施工环节都需要专门的安全管理工作人员，把责任落实到每位工作人员身上。朱奕霖和张建飞（2019）认为，在天然气场站电气自动化设备运行中，精选元件对于提升设备的整体质量非常关键。在选择元件时，首先要选择一家信任、靠谱、知名度较高的厂家，然后货比三家，最终选择性价比高的元件。在元件投入使用之前，还需要与自动化设备进行匹配测试，了解元件的兼容性及实用情况。

## 二、天然气安全评价

天然气的安全问题关系着我国社会、经济和自然环境各方面的发展，全面客观地对天然气安全状况进行分析评价，找出影响天然气安全的重要因素，有利于更有针对性地提出解决措施，保障天然气的安全，促进我国经济社会的可持续发展。

在天然气安全评价研究中，郑杰和王迪（2014）认为，我国的天然气安全评价体系还不够完善，天然气安全事故时有发生，天然气企业的评价仍然存在漏洞。天然气属于新兴的工业能源，在工业企业中，天然气的安全评价仍处于较为模糊的状态，企业的安全评价意识也较为淡薄，我国的整体安全评价体系仍然需要进一步规范。田时中、黄炎和王子迪（2016）研究发现，我国天然气的供给安全评价指标体系是由天然气的供需安全情况决定的，天然气的有效供应在供给安全中具有较大影响。我国政府提倡节能减排、保护环境，天然气是一种清洁能源，因此，要保证天然气的供给安全，首先应该保证天然气的足量供给。建模结果表明，我国的天然气供给安全呈先降，后升再降的趋势，与天然气的消费趋势是吻合的。吴仕业（2014）针对我国天然气供应安全的不足之处，提出了几点建议：首先要积极合理地开发国内的资源，调整好能源的消费结构，提高天然气的开发技术，高效率地利用天然气资源；其次是加快天然气的基础建设，保障管线的使用安全；最后是相关政府部门要发挥有效的监管作用，最好是设置专门的天然气监管部门，有针对性地进行管理，提高安全水平。此外，还应该设置地企联动应急管理体系，形成统一的管理模式，分工合作，致力于保障天然气的安全供应。马文浩（2016）研究发现，在天然气生产环节仍然存在安全状态不够良好的情况，我国的天然气资源分布不均，供需不够平衡，大部分时间里，我国天然气生产环节都处于基本安全及以上的状态，2010年后，安全状态有逐步恶化的趋势。在天然气站场安全评价的研究，吴猛和刘武（2018）认为，天然气站场的安全有力地保障了天然气的安全输送，天然气站场的设计要规范合理，站场内的过滤、计量和调压器等设备要谨慎选择。他们发现在天然气站场中，依然存在不小的安全风险。为了有效地衡量这些风险，可以采用一些安全评价方法，如安全检查表法、故障类型分析法、模糊综合评价法、安全事故树法和火灾爆炸指数评价法等，来对天然气站场的安全进行有效评价，以提高天然气的输送质量，保障输送安全。李孟秋（2016）认为，在站场中，对天然气的危险性评价有两种方法：概率评价法和生产作业评价法。概率评价法是依据危险事故的发生频率、造成的人员伤亡及财产损失情况设置不同程度的分值，然后根据公式进行计算，算出实际危险程度。生产作业评价方法是一种半定量化的评价方法，能够分析出具体的危险因素。

在影响天然气安全因素的研究中，王晓宇（2015）提出，影响天然气安全的因素主要有两点：第一点是供需因素，第二点是市场因素。从供需因素方面看，由于我国人口基数大，天然气的需求量也较大，导致天然气的供需不平衡，天然气的缺口给天然气的安全带来了挑战，我国的能源消费结构需进一步调整。从市场因素方面看，由于我国的天然气供需不平衡，需求量大于供给量，因此，天然气对外依存程度较高，进口的结构比较单一。如果进口国由于政治、经济、自然等原因出现供应不稳定的情况，那么我国的天然气安全会随之受到较大的影响。郭明晶、卜炎等（2018）研究发现，我国天然气安全评价指标体系由四个部分构成：环境安全、供应安全、储运安全以及市场安全。从大体上看，我国的天然气安全状况处于一般水平，具有东部地区最优、中部地区次之、东北部与西部地区较差的特点。东部地区主要是市场安全问题，中部地区主要是供应安全问题，东北地区主要是供应及储运安全问题，而西部地区主要是环境及市场安全问题。高峰（2018）认为，影响天然气管道安全运行的因素共有四个：第一个因素是腐蚀，包括外腐蚀、内腐蚀和应力腐蚀；第二个因素是外力作用，其会导致天然气管道破坏，影响天然气的安全输送；第三个因素是施工时出现问题，如材料质量不过关、偷工减料等；第四个因素是运维，由于运维工作不完善，导致超压运行的情况时有发生，严重影响了运行的安全及效率。

### 三、天然气储备制度的研究

天然气作为一种清洁能源越来越受人们的欢迎，无论是在工业生产中，还是在人们的生活中，天然气的使用都十分广泛。在我国的能源消费结构中，天然气占有重要的地位。虽然天然气资源较为丰富，但是我国人口众多，天然气仍呈现出供不应求的态势，对外依存度高，很容易受国际形势的影响，不利于我国能源安全与经济的平稳运行，因此，建立完善的天然气储备制度刻不容缓。

建立天然气储备对一国的天然气安全至关重要。国内外的研究学者很早就对天然气的储备制度进行了研究，Skrebowski（2014）研究指出，日本、韩国等国家已经开始制定天然气的相关储备战略。Kaiser、Hugh D. 等（2004）提出，地下储气库对美国的能源安全有重大意义，提议修建地下储气库，从而提高天然气的储备量，保证天然气的供应。周明亮（2020）研究发现，我国天然气产业在飞速发展，建立天然气战略储备刻不容缓，可以从必要性及紧迫性两个方面进行分析。从必要性上看，第一点是因为天然气已经成为我国能源消费结构中的主要能源，消费量处于逐年上升的趋势；第二点是因为我国的天然气能源总量虽然较多，但人口众多，从总体上看，需求量是大于供给量的，因此，对进口天然气的依存程度高，这不利于我国天然气的能源安全；第三点是如果建立了天然气储备制度，那么我国天然气在进口业务中就能从被动地位转变为主动地位，有效提升我国天然气产业的竞争力与影响力。从紧迫性上看，第一点是由于天然气的季节峰谷差较大，导致调峰需求逐步提升，调峰问题逐步凸显；第二点是国际局势紧张，我国建立天然气储备能有效应对突发事件，维持我国经济社会的稳步发展；第三点是国家管网的高效集输要求天然气具有一定的储备量，管道运输的终端和中端都需要将天然气储备库作为支撑。江华清（2015）认为，天然气储备能力的大小是衡量一个国家天然气市场的有效指标，很多大国的天然气市场已经十分成熟，而我国的天然气对外依存程度较高，且呈逐渐上升的趋势，天然气的安全问题日益凸显。天然气的储备建设成为急需解决的问题，我国需尽快按照西气东输、北气南下、海气登陆的供气格局来建设天然气储备体系。

在储备制度的建立方面，张琼等（2012）研究发现，建立储备制度应该涉及以下几个方面的内容：第一点是要建立有效的储备管理体系，一步步形成"监管—执行—运营"三个层次的管理机制，层层落实；第二点是相关部门要制定好天然气行业的法律法规，规章制度的制定要具体化，对储备的各个环节进行明确规定；第三点是要明确储备模式，由国家主导，地方政府与企业共处，互相帮助，权责统一；第四点是在储备制度中，明确预算制度，对天然气储备采取财政拨款，并设立优惠政策；第五点是建立应急组织，视情况采取天然气储备释放、出口限制等措施。朱泽橙和朱翌（2018）认为，在建立天然气储备制度时，需要定克服一些制度中的障碍，第一点是要公平公正地开放管道，整合各地区的管道体系，对第三方实现公平准入，从根本上解决投资人对储气设施的顾虑；第二点是国家能源公司应该主动积极地开放销售管道业务，发挥其自身的专业优势；第三点是在政策法规上加大对储气库建设的支持力度，我国政府的相关部门应制定法律法规，建设专项评价标准，鼓励投资者对管道业务的投资。陈新松和孙哲（2020）认为，完善天然气储备制度要从三个方面着手。首先，要提高市场运转机制，从而提高天然气的储备能力，以竞争的方式出让储气库的天然气资源，加大市场定价的力度；其次，政府相关部门要行使监管职责，履行信息公开义务，加强对天然气储备项目的审查力度，促进储备能力的提高；最后，政府相关部门在设立天然气储备制度时，要注重储气目标的合理性，在制定储气目标时，需要考虑建设周期，确保目标的合理性、可行性，关注地区间的差异，因地制宜地制定政策，南方与北方、东部与西部的天然气使用不相同，视具体地区具体分析。

对于储备现状的研究，赵水根等（2013）提出，一些发达国家，如美国、德国、日本等，都已经建立了完备的天然气法律法规制度，对天然气的储备资源实施了高效的管理。我国关于天然气储备的法律法规仍然不够完善，应该积极地向发达国家学习，学习先进的制度建设与管理经验。胡奥林和余楠（2014）研究发现，世界各国的能源结构各不相同，全球性的天然气市场还未形成，如果天然气的供应突然出现中断，并不会对全球造成重大影响，只会影响个别天然气资源缺乏的国家。此外，天然气也不能作为天然气出口国用来攻击天然气进口国的政治手段。田静、魏欢和王影（2015）认为，我国天然气储备体系还处于不够成熟的状态，储备库建设不足，且储备库只是作为管道的辅助装置。此外，储备的调峰能力与消费市场上的调峰需求不够匹配，需求大于供给。周怡沛等（2015）研究发现，我国的储气库已经具有一定的调峰能力，储气库工作气量与天然气的调峰需求相比，还远远落后。我国对储气库的投资与建设力度并不够大，短时间内想要加大天然气的储备规模是十分困难的。

我国学者很早就开始研究国外发达国家对能源的管理及能源相关基础设施的建设，发达国家在天然气储备制度的建立方面开始得较早，我国应该积极主动地向发达国家学习维护能源安全、建设储备制度方面的先进管理办法与科学策略。杨光（2007）研究发现，欧盟成员国在欧盟成立之后，开始大规模地向东部地区能源市场扩张，致力于建设欧盟合作统一的能源市场，形成天然气、石油等能源的战略联盟。提高欧盟能源市场的竞争力，加强欧盟各成员国间的合作，实现互利共赢，有效防止个别能源缺乏的国家能源供应不足。吴志忠（2008）研究发现，日本作为经济大国，发展迅速，能源消费量十分巨大，而日本又是一个能源匮乏的国家，通过制定正确的能源政策、科学的能源法律，使日本摆脱对传统能源的依赖，成为一个能源多样化的发达国家。孟浩（2015）提出，美国的天然气储备较为完善，储备量较为充足。美国对天然气储气库的建设高度重视，储气库的建设在天然气供应价值链中至关重要。在建设天然气储气库时，要充分考虑价值链、技术研发、规划布局和战略储备等方面，高效管理，各州分级监管。我国应借鉴美国的先进经验，制定符合我国国情的天然气储备法，加强天然气储气库技术的研发力度，高效储备。

# 第八节 本章小结

本章分为两个部分，第一部分介绍天然气的相关理论，主要有系统理论和可持续发展理论、危机管理理论、战略管理理论、天然气安全理论、天然气储备理论。系统理论将研究分析的对象作为一个系统，分析其结构和功能，探析系统、要素和环境之间的联系，并且从系统的角度进行研究。构建天然气战略储备体系要从系统理论中的整体性角度出发，将天然气的开采、运输和使用等步骤纳入考虑，环环相扣。可持续发展理论是指既满足当代人的需要，又不会影响子孙后代的需要。可持续发展的基本原则是公平性、可持续性以及共同性，最终目标是实现一种公平公正、互相协调、高效率、多元化的发展。可持续理论要求人们合理开发天然气资源，合理利用天然气资源。在开发利用天然气资源时，要避免过度使用，并且要积极寻找替代资源。危机理论主要介绍了美国著名危机管理专家罗伯特·希斯提出的危机管理 4R 模式，即缩减力、预备力、反应力和恢复力。将危机理论运用到天然气的开采、储备、运输和使用等过程，特别是安全事故发生过程。为避免发生天然气安全事故，需要建立预警系统，在发生事故时能及时反应过来。战略管理理论是指在一定时期内的全局、长远的发展方向、目标、任务和政策，以及资源调配做出的决策和管理艺术。天然气的战略管理要有全局性，要以全局的眼光看问题，统筹兼顾。天然气能源安全理论的主要内容以维护生态平衡、保护环境为基础，强调高效开发利用能源，保持经济的可持续发展。天然气安全受天然气供需情况、运输条件、技术水平和国家战略等因素的影响。战略储备是指国家对煤、石油、天然气等不可再生能源的储备，防止进口受到限制时能源供应不畅，影响经济的发展。天然气的战略储备可以分为战略储备和商业储备，积极鼓励各种投资主体参与天然气储备投资。

第二部分介绍国内外研究现状，主要介绍三个方面：天然气安全策略的研究、天然气安全评价以及天然气储备制度的研究。天然气安全策略研究的主要内容包括事故应急安全策略、生产储运安全策略以及维护天然气场站安全策略。天然气具有易燃、易爆等特点，容易发生安全事故。当发生事故时，处理不当就会造成严重的后果，因此，安全策略的研究很重要。天然气安全评价的主要内容包括天然气安全评价研究、天然气站场安全评价研究以及影响天然气安全的因素研究。全面、客观地对天然气的安全状况进行分析评价，找出影响天然气安全的重要因素，能够有针对性地提出解决措施，保障天然气的安全，促进我国经济社会的可持续发展。天然气储备制度研究的主要内容包括建立储备的重要性、储备制度的建立、储备现状的研究以及天然气储备制度的建立启示。我国天然气资源供不应求，对外依存度较高，很容易受国际形势的影响，不利于我国能源安全、社会的良好发展以及经济的平稳运行，需要尽快建立完善的天然气储备制度。

# 第三章

# 我国天然气安全评价

## 第一节　我国天然气发展现状

经过半个多世纪的发展，我国天然气工业已从区域市场阶段进入到快速发展的全国市场阶段。国内拥有丰富的天然气资源潜力和探明储量，天然气资源的储备量可观。天然气工业的发展相对较晚，基础比较薄弱。目前，仍处于发展的黄金时期，相比于成熟市场稳定的供应、发达的管网与成熟的供应连通性，还存在较大的差距。因此，未来天然气行业的发展潜力仍然巨大。天然气消费量呈现出快速增长的态势，供应持续多元化，供求关系及行业主要矛盾出现新变化。近年来天然气的安全形势稍有好转，但仍需进一步发展和提升。

### 一、我国天然气资源概况

#### （一）我国天然气资源潜力

根据全国天然气资源评估结果，我国目前已探明的天然气资源类型包括常规天然气、煤层气、页岩气、水溶性天然气、致密气、低渗透气以及生物气。从占比上来看，陆域天然气资源量占总地质资源量的76.85%，而近海地质资源量仅占23.15%（见图3-1）。

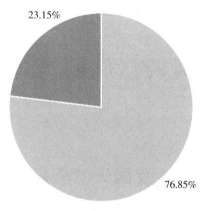

图 3-1　中国天然气地质资源量分布情况

资料来源：根据前瞻经济学人网相关信息整理，详见 https://www.qianzhan.com/analyst/detail/220/171205-e026e925.html。

中国已经进行了多次系统的天然气资源评估。1986 年，第一次全国油气资源评价结果显示，我国天然气地质资源总量约为 34 万亿立方米；1994 年，第二次全国油气资源评估结果显示，天然气资源总量达 38 万亿立方米；根据 2007 年完成的国家油气资源评估，全国 115 个陆上和海上含油气盆地常规天然气储量为 35 万亿立方米，可开采的天然气储量为 22 万亿立方米；据 2012 年完成的全国油气资源评估，我国天然气地质资源总量达到 52 万亿立方米，可采储量 32 万亿立方米；在 2013 年的全国油气资源评价中，天然气地质资源总量增加到 68 万亿立方米，可采资源储量增加到 40 万亿立方米；2018 年的全国油气资源评价中，全国天然气地质资源量达 90 万亿立方米，可采资源量上涨至 50 万亿立方米。天然气资源评价结果表明，我国天然气资源量总体呈上升趋势（见表3-1）。

表 3-1 中国历年天然气资源评价结果

| 年份 | 1986 | 1994 | 2007 | 2012 | 2013 | 2018 |
|---|---|---|---|---|---|---|
| 地质资源量（万亿立方米） | 33.6 | 38.04 | 56 | 52 | 68 | 90 |
| 可采资源量（万亿立方米） | | | 22 | 32 | 40 | 50 |

资料来源：国务院发展研究中心，壳牌国际有限公司. 中国天然气发展战略研究 [M].
北京：中国发展出版社，2015.

回顾油气勘探开发历史，不难看出，天然气资源是随着勘探开发的发展在不断变化的。随着需求量的不断增长，为满足需求，天然气资源的勘探开发领域不断扩大，资源类型不断增多，资源总量不断增加。油气地质理论的发展、技术的进步，以及天然气资源类型和范围的不断拓展，使天然气资源的总体呈增加趋势。

**（二）我国天然气探明储量**

中国天然气的勘探开发晚于石油，目前属于勘探开发初期，其探明率和开采程度均较低，但我国天然气资源的储量是相当丰富的（见图3-2）。截至 2019 年底，全国已探明油气田 1040 个、页岩气田 7 个、煤层气田 25 个、二氧化碳气田 3 个。

我国常规天然气已探明的地质储量居世界第五位。根据 BP 统计数据，自 2006 年以来，我国天然气已探明储量一直保持高位增长，年均探明的天然气原地储量在 5000 亿立方米以上。自 2010 年以来，常规天然气的地质探明储量每年均超过 6000 亿立方米，其中，2012 年和 2014 年探明储量近万亿立方米。已探明的常规天然气储量主要来自塔里木盆地、四川盆地和鄂尔多斯盆地。另外，松辽盆地深部的天然气探明储量也在以较快的速度增长。截至 2013 年，中国已探明的天然气地质储量

（亿立方米）

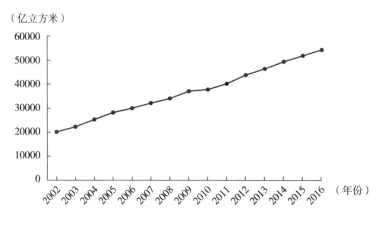

**图 3-2　中国天然气基础储量统计**

资料来源：中经网全国宏观年度库 2002～2016 年天然气基础储量数据。

为 9.66 万亿立方米，技术开采储量为 5.54 万亿立方米。到 2019 年底，我国先后发现了 4 个万亿立方米级的特大气田、25 个千亿立方米级以上的大气田。全国累计探明的常规天然气地质储量为 14.9 万亿立方米，加上 2019 年国家能源局在全国能源工作会议上公布的当年新增天然气探明储量 1.4 万亿立方米，我国地质探明储量累计达到 16.3 万亿立方米，居世界第五位。

我国页岩气资源储量居世界第一位。我国页岩气的开发起步虽晚，却是继美国、加拿大后第三个形成规模和产业的国家，近期产量可达百亿立方米能级。事实上，我国页岩气已探明的地质储量达 5441.29 亿立方米，可采储量居世界首位。据估计，目前全球可开采的页岩气总储量为 214.5 万亿立方米，相当于当前条件下全球 61 年的天然气消耗量。中国拥有成为世界最大页岩气储备国的资源，远远超过目前世界第二大页岩气储备国——阿根廷。2014 年 6 月，中国第一个页岩气探明储量通过了相关部门的评审验收，通过专家组评审的页岩气探明储量为 1065 亿立方米。截至 2019 年底，我国发现了探明地质储量上万亿立方米的川南页岩气特大气区和 4 个上千亿立方米的页岩气大气田，页岩气的探明地质储量达 1.8 亿立方米。

我国天然气水化物（可燃冰）资源的储量居世界第一位。2017 年 5 月，我国试开采的南海可燃冰取得了轰动全世界的圆满成功，其开发利用成为了天然气资源勘探道路上的重要一环。我国可燃冰的探明储量约为 111.1 万亿立方米，相当于 1000 亿吨的油当量，居世界首位，主要分布于南海海域、东海海域和青藏高原冻土带等地区，预计 2030 年将实现商业开发，是目前我国资源最丰富的清洁能源之一，具有大规模发展的潜力，具备成为未来主流清洁能源的资源基础。

**（三）我国天然气产量及增长趋势**

1995 年以前，中国天然气产量增速较慢，由 1980 年的 143 亿立方米增加到 1995 年的 174 亿立方米。1995~2005 年，天然气产量增速加快，天然气年产量由 174 亿立方米增长到近 500 亿立方米，年均增长 32.6 亿立方米。中国常规天然气产量自 2005 年基本达到 500 亿立方米之后，年均增幅在 80 亿立方米左右，到 2017 年达到 1456 亿立方米，2018 年达到 1559 亿立方米，2019 年达到 1701 亿立方米，具体增长情况如图 3-3 所示。自 2000 年以来，中国天然气产量的增幅在 9.6% 左右，预计十年后，天然气的年均增幅在 9%~10% 左右。截至 2019 年，我国天然气产量为 2.23 万亿立方米，页岩气产量为 492.01 亿立方米，煤层气产量为 244.78 亿立方米。自 2000 年以来，我国天然气产量已经从全球第 17 位跃居世界第 5 位，有望于 2020 年超越卡塔尔，位列世界第四。

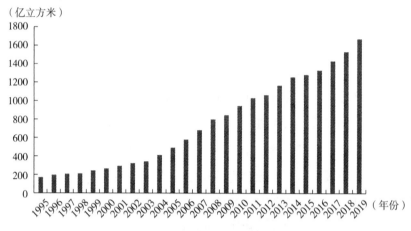

图 3-3　中国天然气产量统计

资料来源：中经网全国宏观年度库 1995~2019 年天然气产量数据。

## 二、我国天然气行业发展概况

### （一）我国天然气行业发展历程

天然气安全、高效、价优的特点使之成为国际清洁能源的首选，大量的使用，能够有效挤占煤炭和石油在能源消费中的份额，有助于改善环境。在世界各国纷纷追求低碳发展大环境下，我国天然气的供给和需求也随之快速增长。根据我国天然气发展历程，我国天然气行业自 20 世纪末以来经历了四个阶段：快速发展期、短暂"瓶颈"期、十年黄金发展期和平稳增长期（见图 3-4）。

1995~2014 年为快速发展期。由于这个时期我国宏观经济高速增长，对能源的需求迅速提升，我国天然气产量和需求量均得到快速增长，其中，产量由 1995 年的 174 亿立方米上升至 2014 年的 1279 亿立方米，复合增速为 11.1%；需求量由 1995 年的 174 亿立方米上升至

图 3-4　我国天然气行业发展历程

资料来源：天然气全产业链分析梳理，详见 https：//www.douban.com/note/710695328/。

2014 年的 1804 亿立方米，复合增速为 13.1%。

2015 年为短暂"瓶颈"期。由于我国宏观经济增速放缓、油价下降，导致天然气在工业染料、发电和化工等领域相较替代能源性价比不高，造成天然气需求增速大幅放缓，全年增速仅为 2.8%。

2016~2025 年为十年黄金发展期。2015 年 11 月，我国天然气门站价格下调为 0.7 元/立方米，直接刺激了天然气需求。与此同时，煤炭、原油等替代能源价格触底回升，促致 2016 年天然气的需求量恢复增长。在国家大力发展天然气的政策推动下，预计 2016~2025 年我国天然气产业将处于十年黄金发展期。由于天然气产业当前还没有完全实现市场化，在诸多应用领域其终端价格还不具有经济性，因此，天然气产业的发展在这一时期会经历两个阶段：2016~2020 年是"煤改气"政策推动下的市场化第一阶段；目前我国天然气价格改革正在加速推进，终端价格下行将带来需求的爆发，从而开启快速发展的市场化第二阶段。

2025 年以后为平稳发展期。在这一时间段里，天然气的价格逐步走低，将会带动需求增长。与此同时，我国常规天然气的开采准入条件逐渐放松，非常规天然气的开采取得可喜突破，国际供应趋缓，我国天然气的进口供应充足，天然气行业的供需格局逐步稳定，我国天然气行业将进入平稳的发展阶段。

**（二）我国天然气行业全产业链各环节发展概况**

我国天然气行业全产业链包括上游气源、中游储运和下游分销，涉及了天然气的产、贸、运、储、销各个环节。在上游气源环节,我国天然气的气源结构以开发自有天然气气藏为主,以进口天然气(包括进口管道气和进口 LNG)为辅。但由于供气增长速度的差异,各气源结构比例发生变化,其中,进口气比例逐渐增加,自采气比例不断下降。在中游储运环节,进口管道气进入中国,和自采气一同通过骨干管道输送至各省,再通过省管进入各市。在此期间,一些管道天然气经液化厂处理后成为 LNG,由槽车运输到没有铺设管道的地区。LNG 通过接收站进入我国市场后,部分被气化进入骨干管道,部分通过槽车运输到分销设施,该环节设置的储气库用于天然气储存和淡旺季调峰。在下游分销环节,管道气进入各城市后,通过市政管道进入下游用户家中。由槽车运输的液化天然气通过加油站出售给下游的汽车和工业用户。天然气终端用户主要是居民、工业用户和汽车用户,其中,居民使用天然气取暖,工业用户使用天然气供热或合成基础化工品和化肥等,车用燃气主要用于为各类汽车提供动能(见图 3-5)。

从气源来看,我国天然气产地集中。我国天然气的来源主要包括国产天然气(含常规天然气和非常规天然气,如页岩气、煤层气和致密气等)、进口管道天然气和进口液化天然气,主要用于四大领域,即城市燃气、工业燃料、化工和天然气发电。近年来,我国天然气自产比例逐年下降,但仍占我国气源的 60% 左右。进口液化天然气和进口管道气分别占天然气供应总量的 22% 和 17%。在气田产量方面,我国天然气主要来自四川盆地、鄂尔多斯气田和新疆气田等主要常规气区。从地理分布上看,陕西、四川和新疆是我国天然气的主要来源地,自产气气源分布十分集中。

从管网建设来看,自 1963 年国内建成第一条输气管道巴渝线以来,经过 50 余年的发展,我国天然气管网建设取得了巨大成就,覆盖全

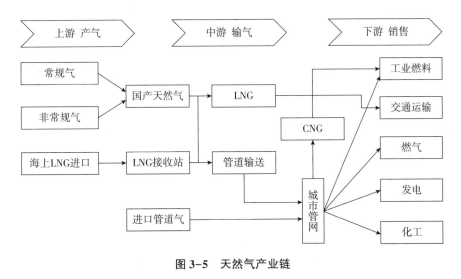

**图 3-5　天然气产业链**

资料来源：天然气全产业链分析梳理，详见 https：//www.douban.com/note/710695328/。

中国的油气管网初步形成，东北、西北、西南和海上四大油气通道战略布局基本完成。到 2016 年底，全国已建成天然气管道 6.8 万千米，干线管网总输气能力超过 2800 亿立方米/年。预计到 2025 年，全国油气管网规模将达到 24 万千米。目前，我国已经建成了以西气东输一线和二线、陕京线及川气东送为骨架的横贯东西、纵跨南北、连通海外的全国性供气网络，形成了西气东输、海气登陆、就近外供的供气格局和较为完善的区域天然气管网。

从储气库建设来看，地下储气库是解决天然气供需矛盾的最有效途径，是保障天然气平稳供给的基础性工程，相较于其他储气设施（地面储气罐、高压管道），具有储气容量大、经济性好、不受气候影响等优点，能够有效解决季节性用气不均衡的问题，是天然气战略储备及商业储备的主要设施。我国天然气地下储气库建设起步较晚，20 世纪 90 年代，随着陕京天然气输气管道的建设，为进一步确保北京和天津的供气安全，国家开始大力研究地下储气库建设技术。2000 年，天津大港油区大张坨储气库建成投产，成为国内第一座投入商业化运行的地下储气库。

从消费结构来看，我国天然气消费具有明显的季节性。我国天然气的主要消费终端可分为城市燃气、工商业用气、发电用气和化工用气，其中，后三者由于生产的可持续性，天然气消费的季节性不明显。由于城镇居民的冬季供暖需求，城市燃气消费具有明显的季节性特点，夏季需求缓和，冬季需求旺盛。自 2010 年以来，城市燃气的消费比重波动上升。2017 年，城市燃气的消费超越工业用气消费，占国内天然气消费结构的 37%，位居第一。工业用气和发电用气分别占天然气消费量的31% 和 20%。城市燃气的消费比重高，导致我国天然气消费峰谷差异大、调峰储备需求显著。由于北方地区的采暖用气比例高，使天然气消费的季节不均衡现象更加严重。

## 三、我国天然气市场供需状况分析

### （一）我国天然气需求分析

近年来，中国天然气消费量以每年 17.3% 的速度增长，成为世界第三大天然气消费国。天然气作为能源战略转型的重要组成部分，是我国能源结构调整和大气污染治理的重要手段，在一次能源中的比重在逐年上升。随着中国经济社会的发展，经济增速将从高速增长过渡到中高速增长，经济结构将发生重大变化，我国能源需求也将从高速增长回归到中速增长，预计到 2030 年，能源消耗将达到 57 亿吨。虽然经济增速和能源需求增速放缓，但在未来一段时期内，受服务业发展和城市化进程以及大气污染治理的带动，天然气需求仍将保持较快增长。

随着天然气需求的逐年增加，我国天然气进口需求不断攀升，对外依存度持续上升。2019 年，中国天然气进口量已达 9656 万吨，对外依存度从 2005 年的 0 一路上升到 43.4%（见图 3-6）。随着中俄东线天然气管道的开工建设，中国西北、东北、西南和海上四大天然气进口通道基本形成，预计到 2030 年，对外依存度将攀升至 55%。

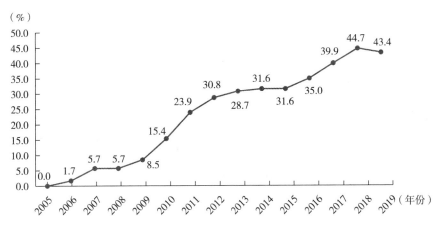

图 3-6　2005~2009 年我国天然气对外依存度变化情况

资料来源：根据中经网统计数据库 2005~2019 年天然气进口量和消费量数据整理。

除了总量逐年攀升外，我国天然气需求还表现出明显的季节性特征。天然气用户在每年不同月份、每月不同日期、每日不同时段的用气量都是不均匀的，是随时间变化而变化的。中国幅员辽阔、南北温差大，天然气用量的波动范围有所不同。东北、西北、中西部和环渤海地区的城市燃气消费波动较大，其中，环渤海地区的消费波动性最为突出。由于北京采暖用户的用气量约占总用气量的 60%，因此，其用气量波动更加明显；长三角和中南地区的用气量波动次之；西南和东南沿海地区的城市燃气用气量波动较小。由此可见，北方供暖地区的燃气消费波动明显高于南方地区，沿海地区的用气量波动明显高于内陆地区，季节性特征显著。

### （二）我国天然气供应分析

我国天然气供应包括国内供应和国际进口两个渠道，在国内天然气资源开发得到突破、国际签约合同得到落实的基础上，预计到 2020 年底，我国天然气供应将形成 4250 亿～4950 亿立方米的供应能力；到 2030 年，将形成 6400 亿～8000 亿立方米的供应能力。

传统观点认为，中国富煤、缺油、少气，但实际上，中国的天然气资源是比较丰富的。据原国土资源部 2018 年全国油气资源动态评价数据显示，中国常规气资源为 90 万亿立方米，可开采资源量为 50 万亿立方米。除常规气源外，我国还有大量的非常规气源。比如，页岩气地质资源量达到 122 万亿立方米，煤层气地质资源量接近 30 万亿立方米，非常规气和常规气资源量大体上相当。从已掌握的数据来看，我国天然气的新增探明储量和产量都是逐年高速增长的，天然气供应有很大的增长潜力。

在看到我国天然气资源总量丰富的同时，也要关注到我国天然气资源开采难度大、开采成本高的一面。在常规天然气可采资源量中，大致有1/3是致密气。致密气在国外被称为非常规气，开采难度和成本比一般的天然气要高。即使是一般的常规气，大多也具有埋藏深、含硫量高的特点，开采成本比较高。另外，中国的页岩气资源非常丰富，除重庆涪陵等少部分地区外，大部分的页岩气埋藏深、地面开采条件差，勘探开发的成本较美国高。我国需要加强技术创新和体制创新，把资源潜力转化为现实产量。

近年来，我国的进口能力快速增长。在管道气方面，目前，已开通了中亚四线、缅甸线、俄罗斯东西两线管道气运输线路。到 2020 年底，预计我国的管道气进口能力将达到 950 亿立方米左右；到 2030 年，将增长至 1350 亿～1650 亿立方米。在 LNG 进口方面，根据已签订的 LNG

长期合同，包括购销合同、合作意向书以及谅解备忘录，预计到 2020 年底，进口量将增加到 700 亿立方米左右。从 LNC 接收站的建设来看，到 2020 年，中国液化天然气接收站每年的能力可达 850 亿~2250 亿立方米，将大大超过未来 LNG 的进口规模。中国目前已签署了长期液化天然气和管道合同，中国今后的天然气进口能力会迅速增加，有望于 2030 年达到 2100 亿~2400 亿立方米。

**（三）我国天然气供求关系分析**

根据以上对我国天然气供需状况的分析，可以发现，与过去十年天然气需求快速增长、供不应求的状况不同，未来数年，随着国内产量的增加和进口能力的增长，天然气供求情况总体上将进入宽平衡状态，供应能力与需求总量的差距将会不断缩小，供应量不再是制约天然气发展的关键因素。天然气行业发展的主要矛盾发生了重大变化，行业发展需要更多地关注非常规资源的开发以及季节性的需求差异，着力解决天然气储气调峰问题。前几年天然气消费高速增长的势头已经大幅放缓，效率低、销价高、输运难、体制僵等问题逐渐显现，需要系统性地把握资源获取、输配、销售和使用各环节的关键问题。

## 四、我国天然气安全形势分析

能源安全是各国决策者关心的重大议题，其范围随着能源种类的增加而扩大。目前，关于能源安全的话题主要围绕着保障石油供应展开，但随着全球能源结构的多样化，能源安全的范围也得以扩展。当一个国家可以通过多种途径实现能源安全时，天然气安全基本上可以归纳为三个关键方面：来源、基础设施和机构。进口、国产和替代燃料的结合丰富了供应，提高了能源的安全性。能源体系中适量、合格的资

产，如储存设施、管网和 LNG 接收站，能确保及时获取资源。适度
的市场和政府机构，以及相应的激励措施，将为保障供应和基础设
施建设保驾护航。目前，数据表明，我国天然气能源安全形势近年
来有好转的趋势，但仍有较大的提升空间。

从来源来看，我国经济的稳定发展促进了能源消费总量的持续增
长。受需求总量持续增长和能源供给侧结构性改革的影响，天然气消费
向环保低碳的能源消费结构转变，消费需求总量快速增长。2018 年，
中国天然气表观消费量接近 2800 亿立方米，居世界第三位，同比增长
了 18%。然而，受资源禀赋的限制，国内天然气难以大规模生产，近年
来，产量的增长速度远低于消费的增长速度（见图 3-7），导致中国天
然气消费对外依存度快速增长，2018 年，天然气消费对外依存度达到
44.7%。我国常规气源的勘探近年来受生态保护和绿色发展政策的影
响，油气资源富集区与重要的生态功能区、生态环境敏感脆弱区客观上
存在空间叠置，加之当前的法规政策缺乏对环境敏感区内生产建设活动
的分级管控和分类施策的细化规定，环境敏感区内的油气生产建设活动
受到限制，导致常规天然气的勘探受到一定制约。我国非常规天然气的
探明地质储量虽然十分可观，但由于开采难度大、开采成本高、耗费时
间长等原因，要想在短时间内依靠其满足不断增长的天然气能源需求是
相对困难的；另外，我国目前的天然气供需关系有较强的季节性特征，
冬季天然气供需矛盾不断加剧，对我国天然气安全产生了一定程度的
威胁。

从基础设施来看，地下储气库具有容量大、经济性好、不受气候影
响、安全可靠等特点，是调节季节性峰谷的最有效方式。但是受库址选
择要求苛刻、建设周期较长、商业模式盈利困难等因素的制约，地下储
气库的建设及发展任重道远。经过近 20 年的发展，我国地下储气库建

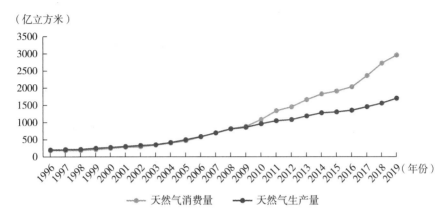

（亿立方米）

**图3-7  1996～2019年中国天然气生产量与消费量变化趋势**

资料来源：中经网全国宏观年度库1996～2019年天然气产量和天然气消费量数据。

设打破了地层压力低、地层温度高、注采井深、工作压力高四项世界纪录，解决了注得进、存得住、采得出等重大难题，建库成套技术达到了世界先进水平。虽然取得了巨大进展，但根据国际经验，地下储气库的工作气量一般不能低于天然气总消费量的10%，而目前我国只能达到4%左右，储气能力存在巨大缺口，远远不足以应对调峰保供这一严峻挑战。另外，我国储气库刚刚进入快速发展初期，基础设施依然存在较多的不足。和地下储气库调峰相比，LNG进口调峰有着选址相对灵活、建设周期短、机动性强等特点，在我国储气调峰过程中起着关键作用。接收站已成为制约液化天然气进口的关键因素，近年来，接收站建设速度不断加快。按照目前在建和规划项目的进度，预计到2020年底，液化天然气的接收能力将达到8270万吨/年。但是由于建设周期至少需要三年，短期内产能释放有限，LNG接收站的建设速度仍需加快。

从机构来看，主要表现为政府推动天然气领域的市场化改革。近年来，中国在天然气市场化改革方面已经取得了重大进展，包括减少价格管制、第三方准入（TPA）和持续的基础设施拆分等。天然气市场改革的核心目标是增加天然气供应商和消费者在市场上的竞争,从而使资源分配更加有效。但是由于中国的天然气市场化改革起步较晚,还处在不断探索的阶段,故而存在许多不足:探矿权高度集中,勘探投入存在不足;基础设施捆绑经营,利用效率较低;天然气价格机制有待完善,天然气下游市场的开发以及相应天然气储备设施的建设有待推进;下游管网企业区域垄断,不同用户之间交叉补贴;监管体制有待健全等。我国天然气市场化改革的成效直接影响着天然气能源供应和基础设施建设,故而应大力保障我国天然气安全。

# 第二节　我国天然气安全评价

## 一、天然气安全评价的重要意义

作为影响国家经济安全的重要能源资源,天然气的开发利用受到了世界各国的高度重视,天然气安全已经成为我国重点关注的战略问题。在美国页岩油气革命爆发的背景之下,世界能源供需关系正在发生着颠覆性变化。能源向来都是国际政治及金融博弈的中心,面对能源供需关系的新变化及能源发展的新趋势,为了保障国家能源安全,习近平总书记提出了"四个革命、一个合作"的能源安全战略,这再次显现了我国对能源安全问题的重视程度。

随着全球能源格局的重大变化,越来越多的国家开始重视能源安全问题,能源安全开始转变成整个能源体系(包括石油、煤炭、天然气和电力等）的安全，能源安全的含义及内容得到扩充。天然气因其绿色清洁、低碳高效的特性被誉为"21世纪的能源"，天然气的开采利用与国家经济安全直接相关，有利于能源结构的优化、能源供给能力的提高以及经济社会可持续发展的实现。近年来，世界各国纷纷加大了对天然气的开发利用，将天然气资源与国家经济安全直接挂钩。中国的天然气发展还处在早期起步阶段，2018年，天然气在中国一次能源消费中的占比仅为7.8%，远低于23.8%的国际平均水平。因此，我国迫切需要建立贴合世界发展趋势的绿色清洁、安全优质的能源结构体系。

我国天然气产业存在资源置换缺乏动力、供应能力明显不足、市场监管权责不明等诸多问题，天然气安全直接关系着我国的社会经济发展和民生问题。但我国现阶段的天然气安全评价机制有待完善，作为世界第三大天然气消费国，其在天然气安全评价方面仍存在较大的进步空间。因此，我国亟须对天然气资源的安全状况进行全面、科学的评价，建立符合我国国情的天然气安全评价指标体系，并对现存的安全风险提出合理的改进建议。

## 二、研究方法和指标选取

本部分将研究目标确定在我国天然气安全评价上，构建一个涵盖八个天然气能源安全评价指标的4-As模型，对我国的天然气能源安全度进行分析，得出结论并提出建议。为衡量天然气能源安全而构建的指标大多集中在能源安全的传统概念上，如以合理的价格提供充足的天然气能源供应。一些研究仅从一两个方面来衡量天然气安全是不合理的，即用简单的指标来衡量能源安全的一个特定方面，如能源强度或能源价格波动。与简单指标一样，综合能源安全指标也侧重于能源安全的一个方面，同样缺乏合理性。能源供应的多样性是最常用的能源供应安全指标，这些指标可以准确衡量能源安全的一个特定方面。然而，正如传统的能源安全概念不能提供一个全面的视角一样，这些指标和常规的衡量方法也不能完全衡量一个国家的总体能源安全状况。此外，现有的能源安全评价和计量往往存在重复计算的现象，最终形成一个过于复杂的评价框架。本部分旨在全面界定天然气能源安全，并在此概念的基础上构建一个量化框架，该框架应尽可能包含多个维度，同时减少其复杂性，以全面反映我国天然气安全状况。

本部分在已有研究方法和指标体系的基础上，从四个维度定量和定性地描述了我国天然气能源安全状况的变化情况：天然气资源的可获得性（AV）、技术的可适用性（AP）、社会的可接受性（AC）和能源资源的可支付性（AF）。首先，能源储备和资源禀赋决定了能源安全的可用性维度，这是保障能源安全的基本要求。能源供应的潜在短缺可能使一个国家处于危险之中，一个国家有多少能源是政府必须考虑的优先事项。这是本部分探索我国天然气安全的资源可获得性维度。其次，开发和利用天然气需要技术，非常规天然气等不易开采的天然气的勘探开采需要更为先进的技术。技术的进步可以提高能源的利用效率，助推能源消费结构的优化，有助于提高我国天然气能源安全度。这是天然气能源安全的技术可适用性维度。再次，能源与环境问题息息相关，使用化石燃料是对环境的威胁，会导致温室效应，即使是天然气这样的清洁能源，也会对环境造成危害，因为其在使用过程中虽然不排放二氧化硫和粉尘，却仍会排放较多的二氧化碳。因此，从环境保护的角度出发，在能源开发利用过程中，需要考虑更为生态的能源安全观。环境保护已成为国际社会的一个突出问题，国际社会提倡使用更安全、更清洁的能源资源和更绿色的能源生产和消费方式。环境问题是当代能源制度不可或缺的组成部分。这是天然气能源安全评价的社会可接受性维度。最后，上述所有方面，包括客观条件（资源的可获得性）和主观努力（技术的适用性和社会的可接受性），都有一个共同的目标：使人们能够负担得起天然气资源。可负担性包括三个要素：合理和稳定的天然气能源价格、公平获得、消费者提供高质量的天然气能源资源。这构成了我国能源安全评价的能源资源可支付性维度。

不同的研究试图从不同的能源安全评估维度来定义能源安全，但最常被引用和接受的定义是：能源安全是在合理的价格水平上稳定且充足的能源供应。随着环境问题慢慢进入公众视野并受到越来越多的关注，学术界也逐渐开始将其考虑到评价体系中。本部分的定量分析所采用的天然气能源安全定义包括以下几方面：一个天然气能源安全度高的国家必须拥有充足且可靠的天然气供应、合理或负担得起的能源价格，即必须能够对冲无法获得天然气能源或能源价格波动的风险；有一定的勘探开采运输能力，并拥有稳定的技术创新能力，得以支持能源效率的提高；同时，天然气资源的开发利用要考虑到环境的可承载能力。

为了定量地衡量能源安全状况，本部分选取 2000～2019 年的八个指标的原始数据进行赋值转换。取赋值后的指标各个维度下的算术平均值，以算术平均值为基准，绘制出中国天然气能源安全度演变趋势的四维雷达图，其中，面积越大的菱形表示更高的能源安全级别。数据来源于《中国统计年鉴》《中国能源统计年鉴》《中国环境统计年鉴》和中经网数据库。在指标体系的选取上，按照指标的科学性、可比性和可操作性的系统原则，构建了更适合我国国情的天然气能源安全评价指标体系（见表3-2）。

表 3-2 中国天然气能源安全指标

| 维度 | 指标 | 指标说明 | 属性 |
|---|---|---|---|
| AV-1 | 天然气储采比 | 年末剩余天然气储备与该年天然气产量的比值 | + |
| AV-2 | 气源保障率 | 天然气供气量与天然气消费量的比值 | + |
| AP-1 | 天然气供气管道长度（万千米） | | + |
| AP-2 | 天然气原油和天然气开采业的固定投资完成额（亿元） | | + |
| AC-1 | 单位 GDP 碳排放量（吨/万元） | 每万元 GDP 所产生的碳排放量 | − |
| AC-2 | 人均二氧化硫排放量（吨/人） | 二氧化硫排放量与总人口的比值 | − |
| AF-1 | 单位 GDP 天然气能耗（吨标准煤/万元） | 天然气消费量与 GDP 的比值 | − |
| AF-2 | 能源消费比（%） | 天然气消费量与能源消费总量的比值 | − |

注："+"表示该指标对天然气能源安全度为正向影响，即该指标数值越大，能源安全度越高；"−"表示该指标对天然气能源安全度为负向影响，即该指标数值越大，能源安全度越低。

资料来源：郭明晶，卜炎，陈从喜等. 中国天然气安全评价及影响因素分析［J］. 资源科学，2018，40（12）：2425-2437.

## 三、结果分析

我国天然气安全度的计算过程如下：首先将 2000～2019 年各指标的数据（见表 3-3）划分成 5 个区域，以便将 20 年的数据均匀分布在 5 个区域内；其次将这 5 个区域分别赋值 1～5 分；最后将每个维度下的指标重新命名以便和赋值前的指标相区别。由于不同的指标对天然气安全度的影响方向不同，作用方向为正的指标（即指数值越大，表示天然气能源安全度越高）按 1～5 分的升序排列，作用方向为负的指标按 5～1 分的降序排列。转换后的指标如表 3-4 所示。

表 3-3 天然气安全基础数据

| 年份 | AV-1 | AV-2 | AP-1 | AP-2 | AC-1 | AC-2 | AF-1 | AF-2 |
|------|------|------|------|------|------|------|------|------|
| 2000 | 74.090 | 1.114 | 3.365 | 355.55 | 3.090 | 0.016 | 0.032 | 0.022 |
| 2001 | 75.083 | 1.066 | 3.963 | 375.19 | 2.850 | 0.015 | 0.034 | 0.024 |
| 2002 | 61.303 | 1.122 | 4.765 | 157.57 | 2.760 | 0.015 | 0.032 | 0.023 |
| 2003 | 63.946 | 1.023 | 5.785 | 236.37 | 2.820 | 0.017 | 0.033 | 0.023 |
| 2004 | 60.449 | 1.051 | 7.141 | 300.73 | 2.780 | 0.017 | 0.033 | 0.023 |
| 2005 | 56.438 | 1.059 | 9.204 | 278.78 | 2.640 | 0.019 | 0.033 | 0.024 |
| 2006 | 50.958 | 1.013 | 12.150 | 386.51 | 2.470 | 0.020 | 0.035 | 0.027 |
| 2007 | 46.208 | 0.990 | 15.525 | 585.85 | 2.160 | 0.019 | 0.035 | 0.030 |
| 2008 | 41.856 | 0.993 | 18.408 | 739.50 | 1.880 | 0.017 | 0.034 | 0.034 |
| 2009 | 43.088 | 0.973 | 21.878 | 1270.96 | 1.820 | 0.017 | 0.034 | 0.035 |
| 2010 | 39.278 | 0.887 | 25.643 | 1797.6 | 1.640 | 0.016 | 0.035 | 0.040 |
| 2011 | 38.340 | 0.783 | 29.897 | 2009 | 1.510 | 0.016 | 0.036 | 0.046 |
| 2012 | 40.465 | 0.746 | 34.275 | 1962.67 | 1.250 | 0.016 | 0.036 | 0.048 |
| 2013 | 39.116 | 0.714 | 38.847 | 2480 | 1.520 | 0.015 | 0.037 | 0.053 |
| 2014 | 38.671 | 0.701 | 43.457 | 2695 | 1.360 | 0.014 | 0.038 | 0.057 |
| 2015 | 39.813 | 0.684 | 49.809 | 2068 | 1.150 | 0.014 | 0.037 | 0.059 |
| 2016 | 40.184 | 0.666 | 55.103 | 811 | 1.160 | 0.010 | 0.036 | 0.062 |
| 2017 | 41.832 | 0.617 | 62.325 | 901 | 0.866 | 0.006 | 0.038 | 0.070 |
| 2018 | 40.596 | 0.573 | 69.804 | 991 | 0.734 | 0.006 | 0.039 | 0.078 |
| 2019 | 38.609 | 0.575 | 76.068 | 1081 | 0.602 | 0.004 | 0.040 | 0.081 |

资料来源：根据《中国统计年鉴》、《中国能源统计年鉴》、《中国环境统计年鉴》、中经网统计数据库 2000～2019 年天然气相关数据整理分析。

表 3-4 赋值后的天然气安全数据

| 年份 | AV-A | AV-B | 均值 | AP-A | AP-B | 均值 | AC-A | AC-B | 均值 | AF-A | AF-B | 均值 |
|------|------|------|------|------|------|------|------|------|------|------|------|------|
| 2000 | 5 | 5 | 5 | 1 | 1 | 1 | 1 | 2 | 1.5 | 5 | 5 | 5 |
| 2001 | 5 | 5 | 5 | 1 | 1 | 1 | 1 | 2 | 1.5 | 4 | 5 | 4.5 |
| 2002 | 4 | 5 | 4.5 | 1 | 1 | 1 | 1 | 2 | 1.5 | 5 | 5 | 5 |

续表

| 年份 | AV-A | AV-B | 均值 | AP-A | AP-B | 均值 | AC-A | AC-B | 均值 | AF-A | AF-B | 均值 |
|------|------|------|------|------|------|------|------|------|------|------|------|------|
| 2003 | 4 | 5 | 4.5 | 1 | 1 | 1 | 1 | 2 | 1.5 | 5 | 5 | 5 |
| 2004 | 4 | 5 | 4.5 | 1 | 1 | 1 | 1 | 1 | 1 | 5 | 5 | 5 |
| 2005 | 3 | 5 | 4 | 1 | 1 | 1 | 1 | 1 | 1 | 5 | 5 | 5 |
| 2006 | 2 | 5 | 3.5 | 1 | 1 | 1 | 2 | 1 | 1.5 | 3 | 5 | 4 |
| 2007 | 2 | 4 | 3 | 1 | 1 | 1 | 2 | 1 | 1.5 | 4 | 5 | 4.5 |
| 2008 | 1 | 4 | 2.5 | 2 | 2 | 2 | 3 | 1 | 2 | 4 | 4 | 4 |
| 2009 | 1 | 4 | 2.5 | 2 | 3 | 2.5 | 3 | 2 | 2.5 | 4 | 4 | 4 |
| 2010 | 1 | 3 | 2 | 2 | 4 | 3 | 3 | 2 | 2.5 | 4 | 4 | 4 |
| 2011 | 1 | 2 | 1.5 | 2 | 4 | 3 | 4 | 2 | 3 | 3 | 3 | 3 |
| 2012 | 1 | 2 | 1.5 | 3 | 4 | 3.5 | 4 | 2 | 3 | 3 | 3 | 3 |
| 2013 | 1 | 2 | 1.5 | 3 | 5 | 4 | 4 | 2 | 3 | 2 | 3 | 2.5 |
| 2014 | 1 | 2 | 1.5 | 3 | 5 | 4 | 4 | 2 | 3 | 2 | 3 | 2.5 |
| 2015 | 1 | 2 | 1.5 | 4 | 4 | 4 | 4 | 3 | 3.5 | 2 | 2 | 2 |
| 2016 | 1 | 1 | 1 | 4 | 2 | 3 | 4 | 4 | 4 | 3 | 2 | 2.5 |
| 2017 | 1 | 1 | 1 | 5 | 2 | 3.5 | 5 | 5 | 5 | 2 | 1 | 1.5 |
| 2018 | 1 | 1 | 1 | 5 | 2 | 3.5 | 5 | 5 | 5 | 1 | 1 | 1 |
| 2019 | 1 | 1 | 1 | 5 | 2 | 3.5 | 5 | 5 | 5 | 1 | 1 | 1 |

资料来源：根据表3-3数据进行赋值和均值计算。

指标赋值以后，取各个维度下两个指标的算术平均值作为基准，绘制出2000~2019年的中国天然气能源安全度演变趋势四维雷达图（见图3-8）。图3-9展示了2000~2019年中国天然气能源安全的四个维度指标的演变情况。在20年的时间里，四大维度指标均发生了巨大变化。天然气能源安全的资源可获得能力（AV）在1~5分内分布较均匀，且评分随时间向下移动的趋势明显，资源可获得能力不断降低。技术可适用性（AP）整体上分布于1~4分，其评分随时间的变化先大幅度上升后小幅度降低，整体呈上升趋势，技术可利用能力持续走高。环境和社会的可接受性（AC）在 1~5 分内大幅度变动，其评分呈现出先小幅度降低、后大幅度回升的变化趋势，环境承载力总体呈上升趋势。国民能源资源的可支付能力（AF）也在 1~5 分内大幅度变动，随着时间的推移，出现了 2 次小幅度上升和 1 次小幅度下降，总体呈下降趋势。综合上述变化趋势可知，资源可获得能力是影响中国天然气能源安全的关键因素，技术可利用能力是中国天然气能源安全最直接的推动力量。

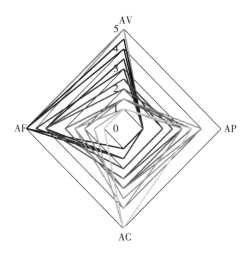

图 3-8　2000~2019 年中国天然气能源安全度演变趋势

资料来源：根据表 3-4 指标赋值结果绘制。

图 3-9 从宏观角度呈现了我国天然气安全总体变化趋势。2000 年的天然气安全度处于整个变化趋势的最高峰，2000~2003 年天然气安全度先降后升，并在后两年连续持平，总体上属于小范围波动。2003 年达到另一个小高点后，安全态势开始明显下降，并于 2007 年达到整个变化趋势的最低点。从图 3-8 可以看出，2007 年是我国天然气安全总

体趋势变化的拐点，在 2007 年降到最低点后开始回升，2009 年到达整体安全态势的另一个高点。2009~2011 年，又进入到一个小范围下降阶段，2011~2017 年我国天然气安全态势大体呈缓慢上升的趋势，2017年以后安全态势再次进入到下降阶段。2000~2004 年，我国天然气安全度在 16~20 之间波动，呈现出小幅下降的趋势。这一趋势表明，我国天然气安全形势不太稳定，近五年来略有下降。2006~2007 年，我国天然气安全度介于 12~13 之间，处于整个变化趋势的最低区间，相当于前几年天然气能源安全水平的 2/3，天然气安全形势相对严峻。进一步比较表 3-4 中不同维度下的平均数值，发现在 2006 年和 2007 年的四维度中，资源可获得能力均在减少。2007~2009 年，走势回升，说明此后我国的天然气安全度将有所改善和提高，主要表现为技术可适用性和社会可接受性均在上升。2009 年之后，我国天然气安全度大致在 13~16间波动，总体呈缓慢下降的趋势，主要原因是资源可获得能力和资源可负担能力有一定幅度的下降，其中国民天然气资源可负担能力的下降幅度较大。

## 四、结论与建议

本部分基于对天然气能源安全的重新定义，从天然气资源可获得性、技术可适用性、社会可接受性和资源可支付性四个维度入手，构建了符合我国国情的天然气能源安全评价指标体系（包含八个度量指标），并基于雷达图分析了 2000~2019 年四个维度下我国天然气安全度的总体变化趋势。综合上述的定性和定量分析，得出如下结论：我国天然气能源安全度受四个维度的共同制约，目前，我国天然气能源安全形势不容乐观，安全度处于缓慢下降阶段，主要受资源可获得能力和天然

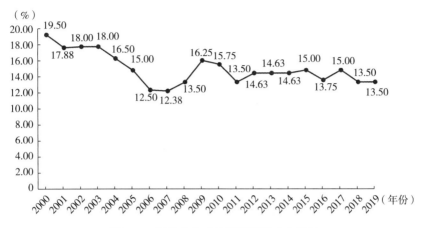

图 3-9　四维度构建的菱形面积变化情况

资料来源：根据图 3-8 四维雷达图菱形面积计算。

气资源可负担能力下降的影响，今后应加强天然气能源储备，保障天然气进口，争取天然气国际定价权。根据以上结论，提出两点对策建议能源安全：

深入挖掘内部潜力，加强国际合作，构建灵活多元的资源供给保障体系。一方面要加强常规天然气资源的勘探和重点地区的开发力度，加快建设页岩气、煤层气示范区，开展煤制气示范项目，推动非常规天然气成为天然气能源体系的重要补充；另一方面要实施多元化的进口战略，分散进口来源，充分利用"一带一路"倡议所带来的便利和政策支持，借力亚投行等投融资平台，促进我国与沿线国家的互相联通。结合当前的地缘政治形势，积极促进能源外交，科学评价沿线国家的投资绩效，给予拥有丰富的能源储备、低廉的供应价格、稳定的国内环境、高能源贸易依赖度的国家优先贸易的机会，优化天然气进口的战略模式，着力提高中国天然气国际话语权。

大力发展天然气储备，推动不同区域间天然气管道的互通互联，促进天然气系统信息共享，充分利用大数据、云计算和物联网等新技术手段，强化天然气战略储备及总体部署能力。加强重点地区支线管道铺设，通过地区间的相互联通来实现区域协同运行及系统安全。加快天然气地下储气库、液化天然气储气库等调峰储气设施的建设进程，各级地方政府应加紧制定储气设施建设的激励政策，鼓励社会资本积极参与天然气调峰储气基础设施建设。

# 第三节　我国天然气储备的必要性

## 一、我国天然气调峰储备的必要性

我国天然气勘探开采取得了越来越多的突破，特别是在陕京线系统、西气东输等项目正式投入商业使用后，天然气探明储量和生产总量直线上升，我国天然气工业进入快速发展期，天然气消费市场迅猛扩张，其在一次能源消费结构中的占比逐步提高。同时，我国天然气输气管网正在不断建设和完善，天然气已成为用气城市运行和发展的基础能源之一，关系着人们日常生活和城市经济功能的运转，一旦发生天然气供应紧张或中断的情况，将会对人民生活和社会安定造成较大的影响。在未来相当长的一段时期内，随着我国新型工业化、城镇化进程的加快，改善区域环境质量和应对气候变化的压力不断加大，积极调整能源结构，促进节能减排，大力发展天然气等低碳能源，已经成为我国能源可持续发展的战略任务。

近年来，我国局部地区的天然气供应出现了较大缺口，冬季缺气，甚至"气荒"，给城市居民的生活造成了影响，因此，保障天然气供应安全对供气企业和用气城市都具有十分重要的政治和经济意义。自2000年以来，我国天然气消费结构呈现出多元化的发展态势，城市燃气成为增长最快的用气部门。2000~2013年，我国城市燃气的消费量由43亿立方米增至732亿立方米，占消费总量的比重由17.6%上升至40%以上。未来，新型城镇化和新型工业化进程需要更多的能源支撑；同时，生态文明建设将不断强化改善民生和保护环境的工作力度，推动我国城镇燃气消费量的持续高速增长，主要体现在以下四个方面：一是天然气新用户数量增加，居民用气总量明显加大；二是许多省市对燃煤锅炉进行了改造，取暖燃气用量增加；三是随着加气站等配套基础设施的建成，交通用气迅速增加；四是分布式能源项目一个接一个地建成投产。

城市燃气的快速增长大大提高了天然气的调峰需求。近年来，为了改善大气污染状况，华北地区增加了天然气供暖，其对象包括大型燃气电厂、燃气锅炉房、居民壁挂炉等，以至于冬季天然气的用量飙升。虽然华东地区冬季未实行居民采暖，但也具有季节性特征，峰值出现在夏季炎热期，峰谷为比1.6∶1。未来，随着各地取暖用气的增加，季节性峰谷差将继续加大。伴随着取暖用气和发电用气比例的增加，日调峰和小时调峰等系列问题也逐渐出现，需要统筹进行天然气的调峰储备。

建立与市场需求规模相适应的天然气调峰储备应急系统是保障我国天然气供应安全的重要手段。天然气系统涉及上游生产、中游输送和下游利用等多个环节，任何一个环节出现问题都将影响整个系统的平稳运行。由于下游用户包括居民、商业、工业和电厂等多种用户，各类用户有其自身的用气规律，导致用气负荷波动、不同时期和时段存在峰谷需求差；上游生产环节调整产量的幅度有限，一般最多可增加供气量的

20%，难以满足实际调峰需求，因此，需要建设调峰应急设施，以满足调峰需求，应对突发性供气中断情况。

## 二、我国天然气战略储备的必要性

建立资源型战略储备的重要性是不言而喻的。它既能保障国家的安全需要，又能保障经济的安全需要，更重要的是能够引领尖端研发。先进科技研发领域对稀有金属或稀有矿产的需求日益增加，有一种将资源储备管理与环境保护和生态建设有机结合起来的发展趋势。许多国家没有停止用于国防目的的战略资源储备，而且用于经济安全和科技进步的战略资源储备也在很大程度上得到了加强。从现实的角度来看，中国人口基数大，人均资源占有量较低，资源相对短缺，对外依存度较大。近年来，中国经济快速发展，水、粮食、石油和稀有金属等战略性的资源短缺将会给我国的经济安全与发展带来巨大威胁，现今，能源安全已成为国家安全的重要影响因素。为了维护国家安全与经济的可持续发展，避免他国对我国进行打压和控制，除了依赖国内资源潜力之外，建立我国战略资源储备体系是完全有必要的，这是维护我国国家安全及促进经济发展的客观需求。

天然气作为一种清洁、高效和优质的能源资源，被纳入中国战略资源储备体系之中。一个国家的天然气储备能力是衡量其天然气市场成熟度的重要指标。国内天然气产量供不应求，致使我国天然气的对外依存度逐年攀升，变幻莫测的国际政治形势使能源进出口国之间的关系错综复杂。当地震、洪涝等因素自然灾害、政治危机及恐怖主义等造成他国长时间对我国中断天然气供应时，确保持续稳定的天然气供应就变得至关重要。以下从三个方面阐述了我国天然气战略储备的必要性：

首先，中国虽然是世界第三大天然气消费国，但由于近些年来对外依存度颇高，给我国的供给安全造成了不小的挑战。我国已经形成了陕甘宁、新疆、川渝、青海和南海海域五大自产气区，建成了西北、西南、东北和海上四大油气进口战略通道，基本形成了西气东输、北气南送、海气登陆的供气格局。由于我国天然气供气对象和管道分布复杂、地区分布不平衡，液化天然气进口受到了诸多阻碍，这会导致特大的供应安全事故，给我国天然气供应安全带来威胁。

其次，当前我国储气库建设已经取得了一些可喜的成果，但还远远不能满足调峰需求，保障天然气安全供应还需要更多的努力。地下储气库的储气能力无法在建成后的短时间内形成，需要经过一定的时间才能完全形成。截至目前，已建成投产的25座地下储气库的实际工作气量约为50亿立方米，运行成本颇高。基于我国的天然气消费量，按照天然气储气能力约占消费总量的15%这一世界平均水平计算，我国储气库的储气能力应于2020年底达到450亿立方米，2030年应达到750亿立方米。由此可知，我国当前的天然气储气能力还远远不能满足调峰需求，即使加快我国天然气储气设施的建设速度，也很难在短时间内快速提升天然气储备能力。

最后，国际安全形势严峻，进口天然气的地缘政治风险上升，国内突发事件频发，供应中断影响较大。基于此，在我国建立充足的天然气战略储备具有重要的现实意义。

# 第四节 本章小结

为了评价我国天然气安全态势，本章首先剖析了我国天然气发展现状，从天然气资源概况、行业发展状况和市场供需情况三个方面探讨了我国天然气资源潜力、行业产业链发展现状及供需关系问题，进而从来源、基础设施和机构三个方面对我国天然气安全形势进行了定性分析，得出我国当前的天然气能源安全形势不容乐观，有较大的提升空间。在定性分析的基础上构建了一个涵盖八个天然气能源安全评价指标的 4-As 模型，选取我国 2000~2019 年的天然气相关数据，绘制了我国天然气能源安全度演变趋势四维雷达图，定量评价了我国天然气安全态势，并得出了如下结论：我国天然气能源安全度受天然气资源的可获得性、技术的可适用性、社会的可接受性和能源资源的可支付性的共同制约。目前，我国天然气能源安全形势不容乐观，安全度处于缓慢下降阶段，主要受资源可获得能力和天然气资源可负担能力下降的影响，今后应加强天然气能源储备，保障天然气进口，争取天然气国际定价权。

# 第四章

# 天然气储备体系的建设现状

## 第一节　天然气储备的内涵与功能定位

### 一、天然气储备的内涵

天然气储备是指储存一定量的天然气以备他用，天然气储备具有三种形式，分别是国家储备、商业储备和企业义务储备。国家储备是指为防止严重的自然灾害、战争等因素导致的天然气短缺或大规模中断的情况，由国家出资建设专门应对突发情况的储备。商业储备是指以企业为主体的天然气储备，为满足生产储备及季节性调峰，根据市场的灵活性存储天然气的一种方式。企业义务储备是指企业在规定的范围内承担一定的储气义务。

完善我国天然气储备建设在应对市场价格波动、防止短期供应中断及保障国家能源安全等方面具有重要的战略意义。国家储备具有非营利性、政策性和公共性等特点。商业储备可以灵活地反映市场的需求，提高我国的供气能力，同时，商业储备也具有投机性，可能会忽视用户的利益。企业义务储备具有强制性，当前，我国还没有出台相应的法律法规来对企业进行强制性的要求。

## 二、功能定位

天然气储备的作用主要表现在四个方面，分别是调峰功能、战略储备功能、应急保障功能和平抑气价功能：

第一，调峰功能。由于天然气消费具有峰谷差，通过天然气储备可以有效地将天然气峰谷比降低，从而达到调峰的作用。

第二，战略储备功能。战略储备是指国家平时有计划地储存一定量的天然气以应对战争及其他意外情况。天然气的战略储备对于保障我国的能源安全、促进经济平稳运行具有重要意义。

第三，应急保障功能。因极端天气或机器设备等意外情况导致短期内供气不足时，储存一定量的天然气可以有效地缓解用气紧张的压力，保障供气安全，达到应急保障功能。

第四，平抑气价功能。由于天然气运输所占的空间和时间成本较高，储存一定量的液化天然气可以极大地节约储运成本，且液化天然气具有清洁、高效、方便等特点，可有效调控天然气的价格、平抑气价，逐渐受到了世界各国的青睐。

# 第二节　国外天然气储备的建设现状

深入研究国外典型国家的天然气储备建设情况，吸取国外天然气储备建设的经验与教训，对我国天然气储备建设具有极大的借鉴意义。下面针对一些国家的天然气储备建设情况进行简要的概述。

# 一、美国

美国的天然气资源非常丰富，长期以来，美国仅需进口少量的天然气。在 21 世纪初，随着美国新技术的开发及应用，美国对天然气进口的依赖度逐渐减弱，当前已基本实现自给自足。

## （一）储气库的建设情况

美国储气库的建设从 20 世纪初开始，经过近百年的发展，美国天然气储备体系日益完善。20 世纪 80 年代后，天然气行业不断改革，以往储气库由洲际或地方配气公司运营的情况发生改变不断分离出储气、管输和销售业务，极大地刺激了市场对储气调峰能力的需求。除传统的管道及配气公司外，下游的燃气公司、交易中心等也开始参与储气库建设。为应对国家储运分离的要求，管道及配气公司将储气库业务进行分离，设立了储气库子公司。此外，还出现了独立的专业储气库公司（简称"独立储气库公司"），这些独立储气库公司只提供储气服务，不涉及灌输和销售业务。储气库采用成本法确定储气服务费，从而获取收益。根据公开资料统计，截至 2018 年底，美国有 392 座在运地下储气库，美国储气库工作气容量合计 1339 亿立方米，占世界总量的 31%，最大调峰能力为每天 3331 百万立方米，占世界总量的 46%（见表 4-1）。

表 4-1　美国地下储气库各项数据

|  | 美国 | 世界 |
|---|---|---|
| 储气库数量（座） | 392 | 672 |
| 工作气容量（亿立方米） | 1339 | 4240 |
| 最大调峰能力（百万立方米/天） | 3331 | 7126 |

资料来源：美国独立地下储气库运用模式及启示，详见 https://www. sohu. com/a/34567-5958_ 825427。

### （二）天然气管网建设

美国作为世界上最大的天然气生产国和消费国，其强大的供应能力和消费量离不开先进的管网技术。美国的天然气管网建设自 20 世纪 30 年代开始，在 20 世纪 40~70 年代迎来了发展高峰期，在这一时期，美国 48 个州全部实现了通气。20 世纪 70 年代，天然气管网进入平稳发展阶段。美国天然气管网经过了几十年的发展，已经形成了一个高度集成的网络。截至 2018 年，美国共修建了 55 万千米的管道，管道总长度居世界第一。

当前，美国天然气管网的运营属于完全市场型，市场完全放开。全国拥有 100 多家从事管输业务的公司，均为私营企业，由联邦能源管理委员会（Federal Energy Regulatory Commission，FERC）与州内公共事务委员会负责，只有获得许可资格，才可以从事管道运输业务。管道运输公司的管输费一般根据服务成本定价，但也允许协商运价，运费可固定，也可浮动。

## 二、俄罗斯

俄罗斯是全球最大的天然气出口国，同时也是第二大天然气生产国。俄罗斯的经济发展高度依赖能源产业，能源工业在俄罗斯经济转轨中占据着举足轻重的地位。截至 2018 年，俄罗斯的天然气出口量为 2450 亿立方米，储量超过 70 万亿立方米，维持着俄罗斯庞大的天然气出口规模。

俄罗斯的天然气资源丰富，管网建设较为发达，天然气供气系统在继承苏联的基础上进一步发展，俄罗斯境内的输气管道已超过 17 万千米，配气管道约 70 万千米。欧亚地区作为俄罗斯的天然气主要出口市场，多条从俄罗斯通往欧亚地区的管道正在建设中。如今，连接土耳其的天然气管道——土耳其溪项目，已基本完成了离岸工程建设，每年可向其输送大约 315 亿立方米的天然气。近年来俄罗斯加强了在亚洲方面的天然气管网建设，特别是与我国的合作，2020 年将建成西起俄罗斯东西伯利亚、东至中国江苏海门的运输管道，年输入量可达 380 亿立方米。

俄罗斯的地下储气库建设起步于 20 世纪 50 年代，经过近 70 年的发展，当前，俄罗斯共拥有 22 座地下储气库，其中，盐穴储气库 1 座，衰竭油气田储气库 14 座，含水多孔层储气库 7 座。这些储气库的工作气容量超过了 700 亿立方米，约占全球工作气容量的 1/6，最大调峰能力为 784 百万立方米/日，约占全球的 1/10。

俄罗斯的天然气管网管理继承了苏联的模式，国家干预性极强，政府在天然气部门的管理及出口管道方面实行垄断。俄罗斯的天然气管网基本由俄罗斯天然气工业股份公司垄断，实行上下游一体化运营，其权力极大。俄罗斯在天然气管网领域没有像欧美等国家一样设立专门的监管机构，这对俄罗斯天然气工业的发展具有不利影响。

## 三、英国

英国是世界上重要的天然气生产国和进口国。近年来，英国天然气的消费量和产量呈现出稳步上升的趋势。英国的天然气储量主要分布在北海地区，是世界上重要的天然气开发区，当前天然气储量已超过3万亿立方米。

英国的天然气管网建设起步于20世纪60年代，伴随着北海气田的开发，英国政府开始大规模地建设天然气管网等基础设施，全国性的管道输气网络已经形成。经过多年的发展，英国的天然气管道设施基本实现饱和，储气库、接收站等基础设施较为完备。

英国天然气管网的管理体制经历了从20世纪60年代的BG垄断到80年代的去管制的转变，最终在21世纪初实现了市场化。在管网运营模式方面，英国建立了国家天然气输送系统，该系统由国家网络公司所拥有。1995年，英国颁布了《天然气法案》，规定了关于天然气运输及储存的准则，即管网准则（Network Code），2005年被统一管网准则（Uniform Network Codes）所替代。管网准则是针对系统平衡、输送量的获得和交易而制定的一系列法规，既对系统的运行与平衡做了规定，又对客户与运营商之间的合作进行了具体的说明。

## 四、法国

2018年，法国天然气消费量为36.7百万吨油当量，比上年（38.5百万吨）减少了4.68%，占法国一次能源消费量的15.1%。据法国液化天然气（LNG）管网运营商GRT gaz和Terega表示，法国天然气储备充足，即使遇到异常寒冷的天气，也能满足需求。运营商们表示，法国的天然气储存量达到了 129 太瓦时，是九年来的最高水平，这得益于法国北部和南部的连接管道、储存网络、LNG 终端以及统一天然气市场的完工，法国已成为 LNG 流动和运输的一个有吸引力的目的地。法国瓦尔德索内（Valde Saone）天然气管道的完工以及法国单一市场贸易区的建立，使法国天然气运输能力提高了 42%，消除了法国北部和南部之间的价格差异。在过去一年里，通过法国管网的 LNG 流量翻了一番，截至 10 月底，达到了 211 太瓦时。LNG 的涌入使法国 PEG 天然气的价格降至 2009 年以来的最低水平，9 月份降至 8 欧元/兆瓦时（合 8.82 美元）以下。法国天然气储存能力如表 4-2 所示。

表 4-2　法国天然气储存能力

| 储气类型 | 体积（十亿立方米） | 推出能力（百万立方米/天） |
|---|---|---|
| 含水层 | 11.96 | 204.77 |
| 盐矿层 | 1.07 | 75.34 |
| 空矿层 | 0.08 | 0.567 |
| 总计 | 13.11 | 280.68 |

资料来源：欧洲天然气储气库概况与运营模式，详见 https：//www. sohu. com/a/1678-47813_ 814194。

在法国，目前有两家天然气长输管道运营商，一个是 TIGE 公司，一个是 GRT gaz 公司。法国 Engie 集团（Engie 集团是垂直一体化能源公用事业企业，在法国天然气市场上占据主导地位，并且拥有欧洲最大的天然气管输网络）拥有其 75% 的股权，剩下的 25% 股权由公共财团拥有。GRT gaz 是法国最大的天然气长输管道运营商，拥有 3.2 万千米的天然气管道，控制着法国近 87% 的长输管网（主干管道），并且向近

50 家批发商供气。

另一家企业是 Total Infrastructures Gaz France (TIGF)，TIGF 控制着法国近 13%的长输管网，在法国西南部运营 6000 千米的天然气管道和储存设施，并向 14 家批发商供气。

除了长输天然气管道以外，法国还有近 19.3 万千米的天然气配送管道由当地社区拥有，地方当局与 GrDF (Engie 集团的子公司)、22 家地方销售公司（主要位于法国西南部和东部）和 Antargaz 公司等企业签署了特许经营协议，这些企业在特许经营期间为终端用户提供天然气产品及服务。

## 五、德国

德国作为传统的工业强国，其自身能源储备较为匮乏，90%的天然气供应依赖进口。2015 年，德国天然气产量 71.90 亿立方米，天然气储量 0.39 亿立方米。

德国是欧洲天然气管网最发达的国家，其天然气干线管道总里程约为 7.5 万千米，围绕这些主要的天然气干线管网，欧洲各国的区域性管网系统既相互独立，又互连互通。德国拥有强大的储气能力，拥有欧盟最大的储气库，工作气量约为 250 亿立方米。德国拥有欧盟最强的储气库储气能力，在运的储气库类型主要有枯竭油气藏储气库、盐穴储气库、含水层储气库，以枯竭油气藏储气库为主，盐穴型储气库储气能力明显高于美国、俄罗斯等国家。

在德国，天然气管道运输呈现出多家竞争格局，包括意昂集团 (E. ON)、德国气体联盟（VNG）和莱茵能源集团（RWE）等多家公司。德国长输天然气管道体系由 14 家传输系统运营商（长输管网公

司——TSO）负责，其中，最大的天然气管网企业是欧洲开放网格
（Open Grid Europe），该天然气管网属于意昂集团的 Ruhrgas 业务部门，
这家企业运营着 1.2 万千米的干线管道。作为德国第二大天然气长输管
网企业的 ONTRAS 公司，其拥有 7500 千米的干线管道。另外 12 家传输
系统运营商则拥有剩余的近 5.5 万千米的天然气干线管网。政府通过授
权经营和财税优惠政策来鼓励社会投资，并通过价格管制手段来保护消
费者的利益，从而促进市场有序发展。

# 六、日本

自 20 世纪 70 年代的石油危机后，日本开始开发利用天然气资源。
由于日本岛内几乎没有天然气资源，同时又远离天然气生产国，所以，
日本的天然气消费更多的是依赖进口液化天然气。为了保障能源安全和
应对季节调峰，近年来，日本正在考虑规划至库页岛的天然气管道建
设，2013 年建成了当时世界上最大的液化天然气储气库，储量可达 25
万千升。

由于特殊的地质条件，日本储备天然气更倾向于使用 LNG 接收站
来进行储气。日本的 LNG 进口量位居世界第一，日本现有 34 个 LNG 接
收站，主要分布在日本岛南侧沿海地区。出于对地震等因素的考虑，日
本 LNG 储罐大多为地下罐。由于日本地质复杂，山地较多，所以岛内
铺设的管道较少，更倾向于建设卫星站来作为 LNG 接收站的配套系统。

由于日本国内没有天然气资源，故而非常重视天然气储备以保障本
国的供气安全及调峰储备。自 20 世纪 90 年代开始，日本通过制定一系
列的政策来促进天然气行业的改革，专门颁布了《天然气储备法》，把
天然气储备上升到国家层面。

出于国内的压力，日本的天然气市场正在进行渐进式改革，逐步重组上游天然气接收站、中游管输服务和下游天然气销售等模式，形成上、中、下游一体化的市场格局。为实现市场化的目标，日本积极鼓励民间资本进入天然气基础设施领域，改革收到了很大成效，大量的民用天然气供应商涌现，天然气交易又重新焕发活力。

# 第三节　国外天然气储备的经验与启示

天然气储备对保障能源安全和调节天然气价格具有越来越重要的作用，特别是对那些天然气稀缺、资源不足的国家来说。国外典型国家虽然在需求量、能源结构占比和对外依赖度方面存在差异，但各个国家都非常重视对天然气的储备。

天然气的储备规模不仅受该国经济发展水平的影响，还与对内需求量及对外依赖程度等因素息息相关。通常来说，对内需求量越大、对外依赖程度越高的国家，天然气的储备量就越大，储备期也越长。以日本为例，日本国内几乎没有天然气资源，对外依存度极高，作为全球仅次于中国的天然气进口国，已经建成了世界上规模最大的地下天然气储备基地，现已投入使用。

美国天然气对外依赖程度较低，基本能够实现自给自足。美国地理条件优越，天然气储量丰富，有利于建设天然气管网等基础设施，故而拥有全球最大规模的天然气储备系统。日本虽然资源匮乏，对外依存度高，但是政府极其重视天然气储备，使用 LNG 储气罐进行储气，具有较大的储备量。

虽然各个国家都非常重视天然气的战略储备，但只有日本通过法律的形式把国家作为投资的主体来储备天然气，大部分国家基本实现市场化，以公司为投资主体、政府为监管方来促进运营规范化。各国都较为重视天然气的整体规划，从上游的勘探开发，到中游的管道输送，再到下游的销售，都进行了整体布局，同时制定各项政策，使各个流程规范化，加强运营监管，形成一整套的流程。根据国外天然气储备建设情况，总结出以下四点经验：

第一，加大对天然气储备的重视，给予一定的财政补贴。颁布有利于天然气储备的政策，来促进本国天然气储备建设，完善天然气储备体系。我国政府可以通过加大对天然气储备建设的重视，在财政上给予相应的支持，分担相应的储气设备成本。当前，我国天然气储备方面的法规还较为缺乏，为促进天然气产业的健康快速发展，保障我国天然气的供气安全，应尽快制定相关的法律法规来指导天然气储气库建设。

第二，加快我国天然气储备库整体规划。美国在天然气产业发展过程中，同步建设管网与储运设施，确保了其天然气产业的健康发展。鉴于此，建议国家有关部门、相关企业等做好储气库调研工作，根据我国的地质条件、消费区域、天然气对外依存度、消费量及调峰需求等因素，结合全国的天然气管网布局，本着因地制宜、合理布局、明确重点、分步实施的原则，在长办理管道沿线配套建设储气调峰设施，制定天然气储气库发展规划，根据不同区域的不同条件，因地制宜地建设储气调峰设施，同时做好防范保障措施。

第三，积极引进社会资本进入天然气领域。在天然气储备方面，除了日本外，其他典型发达国家都是以公司为储备主体。在传统管理体制下，油气勘探环节管束过严，区域退出机制不畅，导致我国油气资源的开发效率不高。同时，随着我国社会经济的快速发展，能源的勘探开发也进入了快速发展时期，我国天然气市场规模不断扩张，已成为当今世界上第三大天然气消费国。当前，天然气市场的快速发展与市场机制转变之间的矛盾迫使我国天然气市场亟须进行多方面的改革。由此可见，有序推进天然气上游勘探和下游销售环节的市场化改革，加强中游管道、储气库等基础设施监管，完善竞争出让方式，引进社会资本进入天然气市场尤为重要。

第四，加快天然气管道设施和储气库的技术研发步伐。美国、俄罗斯及欧洲地区由于地理环境优越，天然气管网的建设条件得天独厚，加之其天然气资源的开发时间早，相关技术较为先进，使天然气管网在这些地区的铺设密度非常高，对天然气的发展具有较大的促进作用。此外，欧洲各国的天然气管网各干线之间形成了区域网，使整个欧洲的天然气资源更具灵活调动性，有利于天然气的双向输送。与国外发达国家相比，中国的天然气管网和储气库建设较为落后，干线密度相比国外显得不足。因此，中国应加快天然气管道设施、储气库等相关设施的技术研发步伐，不断增强我国的天然气管线建设，建立完善、发达的天然气管网。

# 第四节　我国天然气储备建设的现状分析

## 一、我国天然气储备需求

### （一）天然气消费的增长空间巨大

天然气与煤、石油是三种常见的化石能源，可用作城市燃气和工业燃料。相较于煤和石油，天然气具有环保、安全、热值高等优点，是一种优质、高效、清洁的低碳能源，也是能源供应清洁化的最现实选择。我国是能源消费国，但能源消费结构却存在许多不合理的地方。在一次能源中，煤炭所占的比例超过了60%，而天然气所占比例不足10%，以煤炭为主的能源消费结构给我国环境带来了沉重的压力。

近两年，我国大气污染防治攻坚战进行得如火如荼。煤改气是攻坚战的重要组成部分，一些重污染地区纷纷抛弃煤炭改用天然气，甚至在南方一些空气质量优良的地区也大力推进煤改气，这促使我国天然气消费大幅度增加。此外，由于2017年的冬天相对更加寒冷，使我国天然气的消费增长更加迅速。2017年，在天然气的传统消费淡季（4~10月）中，我国的天然气月消费量同比上升了23.7%，增至1260亿立方米。2017年，我国共消费天然气2393亿立方米，同比增长了15.3%；2019年，我国的天然气消费量已经超过了3000亿立方米，消费量增长迅速（见图4-1）。

**（二）我国天然气对外依存度较高**

国内的天然气开采主要由"三桶油"把控。虽然国家已经逐步放开了天然气产业的第三方准入，但由于国内的燃气开采需要通过严格的政府注册和审核以及大量的资金技术投入，具有非常高的进入壁垒，因此，国内天然气的上游开采仍然由三大石油国企牢牢把控，其他企业则通过获取国外油气资源、发展煤制气、进口LNG等方式参与行业竞争。我国天然气情况如图4-2所示。

据《气库中国天然气市场年报（2018~2019）》报告中的数据显示，随着消费量的高速增长，中国天然气存在明显的供应短缺问题。以2018年前三季度为例，中国天然气的表观消费量达2029亿立方米，同比增长了16.95%，其中，43%是从国际上进口的，对外依赖度达到

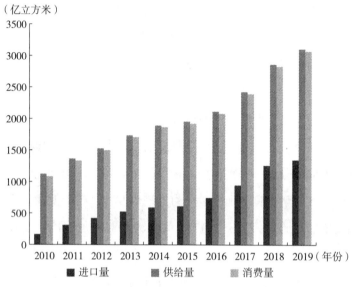

（亿立方米）

**图 4-1　2010~2019 年我国天然气进口量、产量与消费量**

资料来源：2020 年我国天然气行业供需发展现状分析，详见 https://www. qianzhan. com/analyst/detail/220/200320-aff23c9d. html。

43%。2018 年，中国进口天然气 1214 亿立方米，成为全球第一大天然气进口国。自 2017 年以来，我们听到最多的关键词不再是"雾霾""污染"，而是"气荒"，供给不足的现象从华北蔓延到了华中地区。

我国天然气的主要产区分布在我国中西部地区的众多盆地里。2016年，产量大于 30 亿立方米的盆地有鄂尔多斯、塔里木、四川、柴达木、松辽和珠江口盆地，合计 1086.18 亿立方米，占全国总量的 88.2%。陕西、四川和新疆是我国天然气的主产地，合计占全国总产量的 73.1%。就我国的国内产气量和供应情况来看，主要通过西气东输工程等管道运输的方式来进行天然气输送。我国天然气，很大一部分来自进口。以2017 年为例，在管道天然气进口方面，进口量稳定增长，全年管道气进口量达 427 亿立方米，同比增长了 10.9%。2017 年 10 月 15 日，哈萨克斯坦开始向中石油供气，年供气 50 亿立方米，未来，哈萨克斯坦将

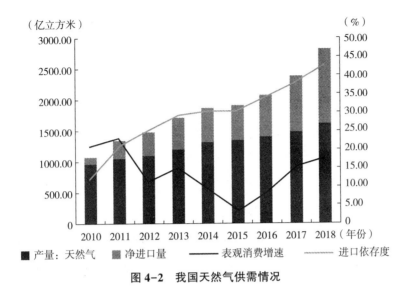

**图 4-2　我国天然气供需情况**

资料来源：2018 年中国天然气行业供需情况及未来发展趋势分析，详见 http：//news. bjx. com. cn/html/20180524/900176. shtml。

成中国管道气主要进口国中不可忽视的一部分。在 LNG 进口方面，中国在 2017 年共进口液化天然气 3789 万吨，同比猛增了 48.4%，超过了韩国，成为了世界第二大液化天然气（LNG）进口国。管道天然气输送依旧依靠与土库曼斯坦之间的管道；中国的 LNG 进口主要来自澳大利亚、卡塔尔和马来西亚。2017 年，中国从澳大利亚进口的 LNG 达到了中国全年度进口量的 52%，可见，中澳 LNG 海上运输线路是中国进口 LNG 的重大命脉航线。

随着我国天然气进口规模的不断扩大，对外依赖度逐渐加深，加大了我国天然气供应的不稳定风险，我国能源安全形势越来越严峻。政府应不断提升我国天然气的储备能力，建设天然气储气库与运输管道设施，做好战略储备，扩充中国天然气海外供应渠道，积极勘探国内天然气资源，为我国经济的平稳健康发展不断提供新动力。

## 二、我国天然气储备设施的建设情况

我国天然气开发利用起步较晚，天然气储气库及管道设施与西方发达国家相比较为落后。但近几年，我国正加快推进天然气储备能力建设，国家更加重视天然气储备在能源领域的作用，国家发展和改革委员会等有关部门相继印发了多项政策性法规来推进天然气储备设施的现代化建设，完善区域间的管网建设，促进天然气基础设施的互联互通，从而进一步提升我国的储气能力。经过多年的发展，我国天然气储运设施的主体框架已经基本形成。西气东输的三条主通道早已建成，不断加强国际合作，随着陆路管道运输与海上运输通道的联通，我国天然气进口能力不断得到加强。

### （一）地下储气库建设

我国的天然气地下储气库建设起步较晚，20 世纪 90 年代，掀起了建设地下储气库的风潮。经过 20 余年的发展，我国地下储气库建设成果显著，中国的储气库建设用短短的 20 年走完了欧美发达国家 50 年的发展历程，正朝着储气大国的方向快步前进。2008 年，极端天气使我国的天然气供应更加紧张，同时，为应对愈演愈烈的雾霾危机，政府相继出台了"煤改气"等相关政策，以提高天然气在能源使用中的比例，我国的天然气需求进一步加大。自 2012 年以来，国家相继颁发了一系列相关政策来推动天然气市场化改革的进程，促进地下储气库业务与天然气管输业务的分离，积极地引进社会资本参与地下储气库建设，以提高我国地下储气库以市场化程度。

我国的天然气资源基本集中于中西部地区，但由于中西部地区地质复杂，在地下储气库选址时不仅要考虑临近气田，还需考虑各种各样的地质灾害，这些对建库技术要求极高。经过 20 多年的刻苦钻研，我国已研发从选址到建库等一整套技术，已建地下储气库 25 座，储量可达400 亿立方米，极大地缓解了城镇用气紧张的局面，对城镇燃气调峰具有重要作用。

近年来，中国加快了地下储气库的建设步伐，中石油和中石化启动了在全国重点区域布局地下储气库的建设计划。2011 年，中石油开始建设辽河油田双 6 储气库，2019 年 10 月，完成地面工程，该储气库承担着东北和京津冀地区的天然气调峰责任。中石油预计于 2022 年在重庆地区建成铜锣峡和黄草峡两个地下储气库，预计年调峰 12.8 亿立方米。根据中石油的部署，到 2030 年，规划新建储气库 23 座，推进了储气库建设。相较于中石油地的下储气库建设，中石化的储气库建设起步晚，建设数量少，当前，仅建成三座地下储气库，分别是文 96 储气库、金坛储气库、文 23 储气库。2018 年，中石化计划在山东建设首个天然气地下储气库，将东营市的胜利油田转建成地下储气库，预计气藏容量达到 5 亿立方米，此举可有效解决山东省储气能力不足的问题。

伴随着地下储气库 20 余年的发展，我国"天然气人"逐步攻克了选址建库、工程建设、著采运行、运行管理等方面的一个个难题，不断创新，刻苦钻研，使我国天然气地下储气库建设成果显著，走出了一条具有中国特色的储气库选址、建设之路。

**（二）LNG 储备设施建设**

**1. LNG 接收站**

2018 年，我国进口液化天然气 5378 万吨（约 748 亿立方米），占我国天然气进口量的 59.5%，近五年，我国液化天然气的进口量增长了近两倍。LNG 拥有体积小、储存效率更高、环保高效等特性，受到了许多国家的青睐。从我国近两年的进口天然气比例可以看出，进口 LNG

的比例已经超过了管道气，在我国能源结构中的地位越来越重要。因此，在沿海地区建设 LNG 接收站等配套基础设施显得尤为重要。截至 2018 年底，我国已建成 19 座 LNG 接收站（见表 4-3）。

我国 LNG 接收站建设始于 2006 年的广东大鹏 LNG 接收站，经过十多年的发展，我国已建成 19 座 LNG 接收站，每年的接收能力超过 7000 万吨。自 2014 年开始，国家放宽了 LNG 接收站的进入门槛，鼓励民间资本参与 LNG 接收站建设。同时，中海油、中石化和中石油三大公司加快了在我国沿海地区布局 LNG 接收站的步伐，中海油在广东和深圳已建成投运 10 座 LNG 接收站，在杭州湾建成 2 座，渤海湾地区建成 1 座，我国天然气接收站建设开展得如火如荼。据相关部门预测，到 2022 年前后，我国 LNG 接收站的总能力将达到 1820 亿立方米，LNG 接收能力得到大幅度提升。

随着我国天然气消费需求的快速增长，对外依赖度逐步增强，保障我国能源安全显得尤为重要。如何更加安全、有效地建设 LNG 接收站是我们亟须解决的问题。"三桶油"在建设接收站时，应从全局出发，加强企业间的协商与合作，更好地推动接收站项目的有序进行。同时，国家应制定相应的政策鼓励民间资本进入，共同推动我国 LNG 接收站的发展。

表 4-3　2018 年底我国已建成的 LNG 接收站

| 序号 | 接收站 | 接收能力（万吨/年） | 罐容（万立方米） | 投产年份 |
| --- | --- | --- | --- | --- |
| 1 | 大连 | 600 | 48 | 2011 |
| 2 | 唐山 | 650 | 65 | 2013 |
| 3 | 中海油天津 | 220 | 22 | 2013 |
| 4 | 中石化天津 | 300 | 64 | 2018 |
| 5 | 青岛 | 300 | 64 | 2014 |

| 序号 | 接收站 | 接收能力（万吨/年） | 罐容（万立方米） | 投产年份 |
|---|---|---|---|---|
| 6 | 如东 | 1000 | 68 | 2011 |
| 7 | 启东 | 115 | 26 | 2017 |
| 8 | 上海五号沟 | 150 | 32 | 2008 |
| 9 | 上海洋山港 | 300 | 48 | 2009 |
| 10 | 舟山 | 300 | 32 | 2018 |
| 11 | 宁波 | 300 | 48 | 2012 |
| 12 | 莆田 | 630 | 96 | 2009 |
| 13 | 粤东 | 200 | 48 | 2017 |
| 14 | 深圳大鹏 | 680 | 48 | 2006 |
| 15 | 深圳迭福 | 400 | 48 | 2018 |
| 16 | 东莞九丰 | 150 | 16 | 2013 |
| 17 | 珠海 | 350 | 48 | 2013 |
| 18 | 北海 | 300 | 48 | 2016 |
| 19 | 海南洋浦 | 300 | 32 | 2014 |
| 合计 | — | 7245 | 900 | — |

注："-"表示无相关数据。

资料来源：2018 年底我国已建成 19 座 LNG 接收站［EB/OL］.［2019-02］. http：//
www. 360doc. com/content/19/1102/19/32584286_ 870700152. shtml.

**2. LNG 工厂的建设**

近年来，由于我国天然气需求不断增多，液化天然气逐渐成为我国
油气工业发展的新热点。随着天然气液化技术的不断提高，为了高效利
用液化天然气资源，大量的 LNG 工厂如"雨后春笋"一般发展壮大起
来。我国的 LNG 工厂建设，同样经历了一个漫长的探索过程。我国的
小型 LNG 工厂建设起步于 21 世纪初，随着不断的探索和创新，我国的
LNG 建设取得了长足发展，2013 年，建成了我国首个国产化 LNG
工厂。

当前，我国 LNG 工厂主要位于西北和华北地区，分布在新疆、四川、宁夏和青海等地，其中，陕西省的小型 LNG 工厂产能最高，宁夏、内蒙古和四川分别位居其后。随着混合制冷技术的不断成熟以及国家政策的大力支持，我国当前的 LNG 市场形成了以央企为主、民营企业为辅的多元化发展格局。自 2012 年开始，我国小型 LNG 工厂的发展速度加快，产能不断提高，标准化程度逐渐加深。黄冈 LNG 工厂的建成标志着我国已掌握 LNG 工厂建设全部流程，打破了长期以来外国技术垄断的局面。

### （三）国内天然气管网建设

我国天然气管网建设起步较晚，但发展速度惊人。当前，我国天然气主干道已经形成横跨东西、贯穿南北、连接海外的天然气主干管网。西气东输一线、二线、三线的管道全长 11883 千米，横跨东西部，从新疆直接连接长三角地区。陕京管道系统由四线组成，总里程达 5073 千米，年输气量突破 500 亿立方米，由陕西靖边连接北京，保障了北京城的供气安全。川气东送是我国又一项天然气远距离输送工程，西起四川达州，东至上海，全长 2170 千米，已于 2010 年 8 月建成并投入使用。西南管道系统由宁夏中卫至贵州贵阳的管道和中缅天然气管道构成，中卫至贵阳的管道全长 1613 千米，与西气东输一线、二线对接，中缅天然气管道起步于缅甸西海岸的马德岛，途经云南到达贵州安顺，该线长达 1727 千米，可向国内输送 120 亿立方米的天然气，可降低海上进口能源的风险，减轻对马六甲海峡的依赖，极具战略意义。东北管网由沈长线和大沈线、秦沈线组成，贯穿东北地区，保障了东北地区的天然气供应。

我国整体上地质条件复杂，西部多高原山地，南方多丘陵，极易发生各种自然灾害，在铺设天然气管网时，需要克服许多技术问题。在管道防腐蚀技术方面，我国科研人员结合我国的现状，找出了一条适合我国远距离管道之路。在陕甘宁—北京线的外部防腐层采用三层 PE 复合结构，在靖边—西安线的防腐层采用煤焦油磁漆和三层 PE 结构，靖边—银川线的防腐层采用聚乙烯带等，这些防腐层的应用极其考验技术。另外，我国的天然气管道应用技术领跑全球，经过五年的专研，"第三代大输量天然气管道工程关键技术研究"专项项目成功验收，在各种管道设计、管材坚韧性和断裂控制等方面都取得了大量成果，获得了国际社会的高度评价，这项关键技术的成功，为我国天然气管网建设提供了技术支撑，填补了行业空白。

**（四）陆路进口战略通道建设**

中俄东线天然气管道工程北段（黑河—长岭段）的全线贯通，标志着我国陆地三大战略通道均将实现油气兼备。这对保障我国的油气供应和能源安全具有重要作用。

中俄东线天然气管道自黑河进入我国境内，在我国境内的管道全长5111 千米，其中，新建管道 3371 千米，利用在役管道 1740 千米，于2019 年 12 月正式通气，2020 年 7 月，南段建设启动（见表 4-4）。南段建设计划于 2025 年建成并投产，到时可顺利将俄罗斯的天然气运输到东北、环渤海和长三角等地区，预计每年可输送天然气 189 亿立方米。中俄东线天然气管道的投产对我国能源安全具有非常重要的战略意义，是继中亚、中缅之后，第三条跨国境的长输管道。

表 4-4　中俄东线北段、中段、南段的进展情况

|  | 北段（黑河—长岭） | 中段（长岭—永清） | 南段（永清—上海） |
|---|---|---|---|
| 起点 | 黑龙江省黑河市 | 吉林省松原市长岭县 | 河北省廊坊市永清县 |
| 终点 | 吉林省松原市长岭县 | 河北省廊坊市永清县 | 上海市（西气东输一线白鹤末站） |

| | 北段（黑河—长岭） | 中段（长岭—永清） | 南段（永清—上海） |
|---|---|---|---|
| 新建管道长度 | 包括一干三支，新建管道1067千米，其中干线715千米 | 新建管道1110千米，其中，长岭—沈阳段355千米，沈阳—永清段755千米 | 新建管道1194千米 |
| 设计输量 | 380亿立方米/年 | 长岭—沈阳段253亿立方米/年、沈阳—永清段230亿立方米/年 | 189亿立方米/年 |
| 工程进展 | 已全线贯通，2019年12月接入俄气 | 2019年7月开工，计划2020年10月建成 | 计划永清—泰兴段于2020年建成，泰兴—上海段于2023年建成 |
| 惠及地区 | 东北地区 | 环渤海地区 | 长三角地区 |

资料来源：新华财经网。

2019年12月，中俄东线天然气管道俄罗斯境内段——"西伯利亚力量"天然气管道建成并完工，预计每年可向我国供气380亿立方米。西起伊尔库茨克州的科维克塔气田，经雅库特的恰杨达油气田后，在俄罗斯边境的天然气加工厂进行加工，然后从布拉戈维申斯克分为两支，一支通往符拉迪沃斯托克，另一支进入中国，全长近4000千米。

中俄东线天然气管道工程是当前错综复杂的国际形势下，中俄双方深化战略合作伙伴关系、强化能源领域合作的重要成果，此举是构建我国陆路战略通道的又一重要战略举措。在东线管道铺设中，采用了小断面盾构施工技术，这种新的安装工艺填补了我国大口径管道安装的技术空白，提高了我国天然气管道的铺设能力。

中亚天然气管道于2007年开工，于2011年竣工，是世界上最长的油气输送管道，也是我国第一条跨国进口天然气管道。西起阿姆河，途经阿里山口，在霍尔果斯进入我国境内，与西气东输二线管道相连，经甘肃、宁夏等地到达广州，境外全长超过2000千米，年供气量达300

亿立方米。当前，ABC 三线已全部建成输气，三线并行，D 线于 2014 年在塔吉克斯坦开工，途经中亚五国，于新疆南部入境，全场 1000 千米，预计于 2020 年底全线竣工，年输气量达 300 亿立方米。中亚天然气管道自 2009 年投产输气以来，累计输送天然气近 3000 亿立方米，惠及沿线 5 亿多人口，为我国能源安全和经济社会的发展做出了巨大的贡献。

中缅油气管道是"一带一路"倡议下的先导性和示范性项目。中缅天然气管道于 2013 年投产运行，作为我国在缅甸建设的重大能源工程，中缅天然气管道为缅甸浅海地区丰富的天然气资源开拓了广阔的消费市场。截至 2019 年 12 月 31 日，中缅天然气管道已安全运行 2260 天，累计向中国输气 246.561 亿立方。目前，天然气管道的分输为管道沿线地区提供了充足的清洁能源，主要用于发电和工业生产，使过去很多没有电的地区可以 24 小时通电，为这些地区的下一步发展提供了必要保障。另外，管道对缅甸石油化工技术及工业水平的提升以及缅甸国内工业和能源行业的发展也有直接的促进作用。

## 三、我国天然气储备设施的运营情况

### （一）地下储气库的运营情况

研究发现，在 2015 年以前，中国受天然气产业发展体制机制的影响，实行的是生产、运输、储存及销售一体化的运营模式。目前，储气库的建设、运营及管理基本由国内的"三桶油"把控，与天然气管道捆绑经营，民间资本参与感不强。国家仅对参与投资的储气库投资者给予税金返还，储气库的运营成本需企业自理。

2013 年 7 月之前，中国受储气库管理体制的影响，储气费基本包含在长输管道的管输费中；2013 年 7 月，天然气价格改革方案推出后，国家对天然气实行门站价管理，原则上不能直接向用户收取储气费，其储气成本只能按照储气库的管理归属纳入企业各自的内部成本。这轮天然气价格改革方案推出后，中国的天然气定价方法已经调整为市场净回值法，储气费没有了收费来源和收费基础，储气库也不能单独制定服务收费定价。

目前，中国的天然气价格改革未提出储气调峰定价和运营成本的相关政策机制，储气库尚未实现商业独立运营，运营成本依旧纳入管输费或其他成本中，成本和效益体现较为困难。为实现储气库业务的健康发展，应根据市场的供需情况，考虑储气调峰定价政策或储气库运营成本独立机制。中石油、中石化等天然气供应商投资建设的储气库的建设投资和储气环节的运营成本是在天然气管道的经济效益中体现的，储气费纳入管输费。2015 年底的数据表明，平均储气成本为 0.6 元/立方米，折算到管输费中约为 0.1 元/立方米。以中国某盐穴储气库 2018 年的数据为例，在储转费 1.02 元/立方米的价格情景下，财务内部的收益率可以达到 8%，该类储气库的年储转次数在规模经济与规模不经济的平衡点约为 1.4。

## （二）管网运营情况

长期以来，我国天然气管网都是在上游公司规划建成后独立运营的，网格化程度比较低。2018 年，我国开始加强长输管网、省网及沿海 LNG 接收站的互联互通，目前，已打通部分关键节点，但远未满足灵活调度的要求。

### 1. 定价模式

我国目前均采取一部制定价。国家发展和改革委员会在制定西气东输管道的管输价格时，考虑了不同用户的用气负荷特征等差异，采取的是分类定价，不是国际通行的"容量费+使用费"的两部制定价方式。国家发展和改革委员会在陕京管道系统和忠武线的管输定价中尝试使用"容量费+使用费"的两部制定价方式，文件要求在项目投产一年后执行，由于部分用户抵制，中石油未进行有效推行，"两部制"试点没有取得成功。

**2. 费率设计**

我国天然气管输价格的形成分四个阶段：统一定价（1964～1976年）、按距离收费（1976～1984 年）、按线路收费（1984～2016 年）和按企业收费（2016 年至今）。

2016 年 10 月，国家发展和改革委员会印发关于《天然气管道运输价格管理办法（试行）》和《天然气管道运输定价成本监审办法（试行）》的通知，采取"准许成本加合理收益"的原则定价，以管道运输企业为监管对象，价格公布方式改为国家核定管道运价率（元/立方米×千米），企业测算并公布了从进气口到出气口的具体价格水平。准许收益率按管道负荷率（实际输气量除以设计输气能力）不低于 75%取得税后全投资收益率 8%的原则确定。其中，管道运输定价由折旧费、摊销费和运行维护费构成，天然气管道按照 30 年计提折旧。

# 第五节　我国天然气储备面临的重大挑战

## 一、天然气基础设施较为落后

虽然我国的天然气基础设施在近年来有了较快的发展，但和国外发达国家相比仍有较大的差距。在储气方面，2019 年，我国天然气消费量突破 3000 亿立方米，而当前我国的地下储气库供气刚刚突破 500 亿立方米，仅为消费量的 1/6，在天然气需求量徒增的情况下，天然气消费严重依赖进口。我国储气库建设仍显不足，如若发生外界战略封锁，当前的天然气储存量并不能保证我国正常的生产生活用气，这将给我国的能源安全带来较大隐患。在管网建设方面，相关数据显示，到 2018 年底，我国天然气管线的总里程为 7.6 万千米，干线输气能力约为 3500 亿立方米/年。而与我国国土面积相当的美国，天然气管道长达 55 万千米，是我国的 7 倍有余，天然气供应能力超过 8000 亿立方米/年。我国的天然气干线管道密度远低于世界平均水平，甚至一些省份还没有覆盖天然气管网。

我国的天然气主干线基本是由三大油气公司控股修建的，而其他的省属管网由省属国企和三大油气公司共同修建，通常由省属国企占据主导地位。在主干网的建设中，三大油气公司各自为政，没有从我国天然气管道的全局着手，缺乏整体的把控。由于省属管网隶属省属国企，导致天然气管网的基础设施之间的联系不够紧密，可能出现天然气资源分布不均的情况，难以保证我国冬季的正常用气。天然气基础设施在建设上具有投资大、周期长等特点，虽然国家颁布了多项政策来鼓励民间资本进入该领域，但收效甚微。一些鼓励性政策的具体细则不够明确，三大油气公司希望保持自己的行业垄断地位，往往对新进入的第三方市场主体持有敌意，导致天然气基础设施较难实现市场化。这些都给我国天然气储备建设带来了巨大的挑战。

## 二、价格机制有待完善

当前，我国天然气的定价为市场定价与政府定价并行，更多时候是由政府管控天然气的价格。对于天然气上游产业而言，国产常规气的价格受政府限制，页岩气等国产非常规气以及进口天然气的价格基本实现了市场化，导致这些市场化的天然气与国产常规气之间的价格可能存在差异，两者的定价机制不同。中游产业在管道气上实行政府定价，进入交易环节非管道气则实行市场定价。下游居民的用气实行政府定价，优先保障居民用气，工商业实行半市场化定价。整个天然气产业链的定价机制是市场定价与政府定价相结合的方式，可能会导致产业出现两种极端情况，要么亏损，要么获得超额利润。上游的进口天然气实行的是市场化定价，终端售价由政府定价，政府出于居民用气安全的考虑，降低油气价格，可能会导致下游终端售价低于进口价的情形，这就是价格倒挂。2013 年，中石油的天然气年报显示，进口气的销售业务亏损了418.72 亿元，央企承担了巨大的经济损失。

我国天然气市场起步较晚，发展时间短，管理体系还需不断完善，因此，政府在制定价格时，要考虑各方的意见，科学地制定天然气的价格。我国现行的价格机制缺乏有效的行业监督机构，缺乏有效的运行监管机制。随着我国天然气工业的快速发展，市场化进程逐步加快，建立高效、合理的价格机制来促进我国天然气储备建设的发展，对能源安全和我国经济社会的平稳运行具有重要的作用。

## 三、储气库的建造技术有待进一步突破

我国储气库的建设起步较晚，虽然近些年在储气库建设上取得了较大的突破，但由于我国幅员辽阔、地质条件复杂，所以，对地下储气库的建造水平要求较高。我国现阶段共有气藏和盐穴两种地下储气库，其中，盐穴储气库需具备较高的选址造腔技术，在我国储气库中并不多

见，目前，主要以气藏储气库为主。

国外的储气库一般结构简单，埋深较浅。我国气源主要集中在中西部等地区，这些地区地质构造复杂，极易发生自然灾害；另外，中西部地区地势较高，地下储气库建造极其复杂，给我国储气库的选址及建成运行带来了巨大的技术挑战。以四川省为例，四川处于亚欧板块与印度洋板块的交界处，地震断裂带活跃，泥石流频发，复杂的地质环境难以满足高压大流量的注采，对井筒安全造成了极大的威胁。我国储气库建造在选址、建库等技术方面有待进一步突破，从而解决因储气库建设技术滞后而导致的调峰能力不足等问题。

# 第六节　本章小结

本章对天然气储备的内涵功能定位进行了阐述，进而分析了国外一些典型发达国家（美国、日本、俄罗斯、英国等）的天然气储备建设现状，总结了国外天然气储备建设的发展经验，结合我国实际，遵循市场经济规律，发挥市场在资源配置中的决定作用；同时，加大对天然气储备的重视程度，积极引进社会资本进入天然气产业，完善我国的天然气储备体系。从我国天然气储备需求、天然气储备设施建设情况和天然气储备设施的运营情况等方面对我国天然气的储备建设现状进行了分析，认为储气库的建造技术有待进一步突破。

# 第五章

# 我国天然气储备体系建设的政策内涵与政策实践

## 第一节 我国天然气政策

天然气产业政策体系主要由四部分组成，分别是产业组织政策、产业结构政策、产业布局政策以及产业技术政策。

### （一）产业组织政策

当政府想实现某一目标时，会对某一企业或是某一行业实行限制性或者鼓励性的政策，这便是产业组织政策。日常生活中常见的促进竞争政策和禁止垄断政策其实也是产业组织政策。通常来说，竞争适度和结构合理是形成一个良好的产业组织所需要的条件。

天然气行业最为明显的特征是网络性。长期以来，我国的天然气行业都被认定为自然垄断产业，所以，其产业组织政策以政府直接规制为主。经济性规制和社会性规制等构成了政府规制。其中，进入规制和价格规制等构成了经济性规制，信息提供和公开及经济手段等构成了社会性规制。

经济性规制的表现为：我国天然气产业采用核准制、备案制和许可证制三种形式。油气勘探开发领域相对比较特殊，实行的是资质管理基础之上的备案制。LNG 接收站和天然气管道建设需要经过政府核准才能开工建设。在与民生关系紧密的城市燃气领域，采用"燃气经营许可证+特许经营权"的模式，对有关企业的资质进行监管，给予合规的企业在限定的范围和期限内从事天然气相关业务的权限。

价格规制主要表现为以下几个方面：

**1. 中上游价格规制**

我国天然气中上游价格规制环节包括井口价，井口价、净化费和管输费并存，出厂价和管输费并存以及目前的门站价格四个阶段：

第一阶段，从 1949~1987 年。价格规制主要是完全政府定价、政府定价和市场定价三种形式并存。在中华人民共和国成立初期，四川盆地是天然气的主要产地，因此，我国天然气的价格管理具有明显的地域性，国家出台的相关文件多以四川地区的有关部门和用户为主要对象。到改革开放初期，国家政策开始放开，允许一部分天然气由市场定价，以此来满足市场需求，激发市场活力。

从中华人民共和国成立到改革开放前，我国实行高度集中的计划经济体制，天然气行业由政府垄断，天然气定价权也由政府掌握。在那个百废待兴的年代，政府垄断、高度计划的产业发展模式对国家的发展具有至关重要的作用，通过对天然气行业的统一领导和规划，有力地支持了国家重点项目对能源的需求。

第二阶段，从改革开放初期到 21 世纪初。在这个阶段，国家对管输费、净化费和井口价同时进行规制。其中，井口价主要是政府定价，其他两项完全由政府定价。井口价的定价具体可以分为四个时期：第一，实行政府定价，区分包干内外价格。第二，实行政府定价和分类气价，双轨制共存。第三，主要实行政府定价，但企业可依法依规制定自销价格。第四，实行分类气价和结构气价，对包干内外价格进行并轨。

1987 年 10 月 27 日，由国家计委等部门联合发布的《天然气商品量管理暂行办法》明确提出，井口价格分包干内价格和包干外价格，包干内和包干外两者的价格不同，即包干基数以内的商品气的井口气价暂按各地现行的价格，超过包干基数的部分，井口气价以 0.26 元/立方米结算。

第三阶段，从 2002~2013 年。此阶段可分为三个时期：第一，政府定价与政府指导价两者并存。原国家计委在 2002 年 1 月 16 日出台的《关于规范天然气价格管理等有关问题的通知》中指出，从 2002 年 1 月 1 日开始，天然气井口价将包含净化费，不再单独收费，这标志着天然气净化费从此退出历史舞台。第二，一档、二档气价与政府指导价并存。国家发展和改革委员会在 2005 年 12 月 23 日印发的《关于改革天然气出厂价格形成机制及近期适当提高天然气出厂价格的通知》中明确提到，对天然气的价格分类进行简化，将天然气出厂价格归为两档，对于一档天然气出厂价，可在上下 10% 的浮动范围内由供需双方协商确定；二档出厂价可在基准基础上上浮 10%，下浮不限。第三，对天然气一、二档气价进行并轨，继续实行结构气价。

第四阶段，从 2013 年 7 月至今。在此阶段，价格规制环节为门站价格，具体可分为三个时期。

时期一，区分存量气与增量气、居民用气与非居民用气，限定最高价格。国家发展和改革委员会在 2013 年 6 月 28 日发布的《国家发展和改革委员会关于调整天然气价格的通知》中提到，对存量气和增量气进行区分，对存量气价格实施分步调整；由对出厂环节进行价格管理变更为对门站环节进行价格管理，各地区的门站价格由政府制定，实行最高上限价格管理，天然气的提供方和需求方可协商确定具体价格，但必须在国家规定的最高上限价格范围之内。

　　时期二，存量气价格与增量气价格并轨，试点直供用户价格改革。国家发展和改革委员会在 2015 年 2 月 26 日发布的《关于理顺非居民用天然气价格的通知》中指出，第一，存量气价格和增量气价格要实现并轨。增量气价格下调至 0.44 元/立方米，存量气价格上调至 0.04 元/立方米。第二，试点放开直供用户（化肥企业除外）用气价格。放开天然气直供用户的用气门站价格，进行市场化改革试点。由于化肥市场比较低迷，为减轻化肥企业的压力，分步实施化肥用气价格改革，给予企业一定的缓冲期。天然气价改早在 2011 年就在广东和广西两省试点，定价方法从开始的成本加成法改为市场净回值法。在本通知发布之后，非居民门站价格不再区分存量气和增量气，实行"一省一价"。

　　时期三，根据用气主体的不同，区分居民用气价格和非居民用气价格，最高门站价格与基准门站价格两者并存。国家发展和改革委员会在 2015 年 11 月 18 日印发了《关于降低非居民用天然气门站价格并进一步推进价格市场化改革的通知》。该通知提到，第一，促进非居民用气门站价格下调。非居民用气最高门站价格降至 0.7 元/立方米。其中，对化肥用气价格继续实行优惠政策，暂不做调整。第二，促进天然气价格市场化。以基准门站价格的方式来管理非居民用气价格，不再采用最高门站价格。以下调后的最高门站价格为基准门站价格，天然气的供应方和需求方可以此为基础，具体的门站价格由双方协商确定，但上浮不得超过20%，下浮则不限。第三，合理安排天然气销售价格。要抓紧建立居民阶梯气价制度，确保年内（2015 年）出台。第四，做好天然气公开交易工作。促进非居民用气进入上海石油天然气交易中心，供需双方依法依规公开进行交易，形成具体价格，争取在 2~3 年内全面实现非居民用气的公开透明交易目标。该通知发布后，取得了十分理想的效果。非居民用气最高门站价格降至 0.7 元/立方米，为"煤改气"和分布式能源项目的大规模推行奠定了基础，对拉动消费侧增长有着十分明显的作用。自该文件出台后，全国天然气消费增速形势喜人，2015年的消费增速为3.4%，2017年的增速相比2015年提升了7.6个百分点，达到11%。

中共中央、国务院在2015年10月12日联合发布的《关于推进价格机制改革的若干意见》中指出，促进天然气、电力等领域的价格改革，充分发挥市场决定价格的作用，放开竞争性环节价格，加速能源价格市场化。以"管住中间、放开两头"为思路，促进天然气等能源价格改革，引入不同市场主体参与市场竞争，能源本身是一种商品，要减少交叉补贴，使其回归到商品属性。加速天然气气源和销售价格的放开进度，抓紧理顺天然气价格，有序放开上网电价和公益性以外的销售电价，建立主要由市场决定能源价格的机制。该文件由中共中央和国务院联合发布，在我国的政策文件等级中为最高级，指导着全国范围内的价格机制改革，也为天然气价格改革奠定了基调。在该政策出台后，天然气气源和销售价格放开的节奏明显加快，到2018年9月，除灌输气门站价和用户侧民用价以外，其他都已放开。

**2. 下游零售环节价格规制**

对于下游零售环节的价格规制，国家相关政策的主要内容为：放开销售价格；居民生活用气实行阶梯价格；城镇燃气安装工程逐步市场化；配气价格准许收益率为税后全投资收益率。对于零售环节的定价，国内主要采用的是成本加成定价法，其次为市场净回值定价法。国家发展和改革委员会在2014年3月20日发布的《国家发展和改革委员会关于建立健全居民生活用气阶梯价格制度的指导意见》中指出，在全国范围内将居民生活用气量和气价分为三档，建立居民生活用气阶梯价格制度。在此之后，各地陆续发布了本地区的居民生活用气阶梯价格。

**3. 中游干线管道管输价格规制**

我国天然气干线管道运输费的价格规制实行政府定价的方式。在 2017 年以前，我国主要实行"一线一价"的定价策略。"一线一价"是指在 1984 年之后，对企业筹资建立的管道实行"新线新价"的管理策略。在管道项目竣工后，根据建设投资、运行成本和管输量的具体情况，通过财务基准收益率来核算管输费的价格，相关企业将其上报给国家主管部门，待主管部门批准后方可执行。国家发展和改革委员会在 2016 年 10 月 9 日发布了《天然气管道运输价格管理办法（试行）和定价成本监审办法（试行）》。该文件的要点如下：第一，规定管道运输定价成本构成与归集的细则。第二，对于跨省长输管，按照"准许成本+合理收益"的原则，由国家主管部门确定管输费。第三，管道运输企业需要定期公开其收入、成本等相关信息，其确定的管道运输具体价格信息也应向社会公布，并抄报国务院价格主管部门。该文件的意义重大，是《关于推进价格机制改革的若干意见》在天然气行业的具体实施政策，对各省制定地方输配价格管理办法起到了重要的参考作用。

**4. 下游城镇燃气配送管网价格规制**

我国的城镇燃气配送管网价格也是由政府定价，大部分地方并没有对配气价格进行单独核定，因为其天然气价格包含了配气价格。

2017 年 6 月 20 日，国家发展和改革委员会发布《关于加强配气价格监管的指导意见》（以下简称《指导意见》），旨在加强对城镇燃气配气环节价格的监管。《指导意见》提到，第一，对配气价格进行独立核定。城镇燃气是事关广大人民群众的公用事业，燃气管网环节十分容易出现垄断，因此，政府需要对配气价格进行严格监管。第二，制定配气价格的方法。采用"准许成本+合理收益"的基本原则，同时考虑通过由燃气企业的税收因素、监管准许收益以及准许成本核算出的年度准许总收入来制定配气价格。第三，确定准许成本和准许收益的核定方法。第四，对配气价格的核定和监管做出规定。该文件是继《天然气管道运输价格管理办法（试行）》及《天然气管道运输定价成本监审办法（试行）》之后，国家发展和改革委员会进一步对城镇燃气配气环节建立的价格监审规则，这意味着我国从跨省长输管道到省内短途运输管道，再到城市配气管网等，在各个垄断环节构建起了较为完善的价格监管制度框架。

社会性规制的经济手段可从以下文件看出：

在财政部和国家能源局 2012 年 11 月 1 日印发的《关于出台页岩气开发利用补贴政策的通知》中显示，对于已开发利用的页岩气，中央财政对其进行补贴。补贴时间为 2012~2015 年，补贴标准为每立方米页岩气 0.4 元。

在国家税务总局 2013 年 5 月 30 日印发的《关于油气田企业开发煤层气、页岩气增值税有关问题的公告》中提到，从事煤层气和页岩气生产的油气田企业，以及为生产页岩气和煤层气提供生产性劳务的油气田企业，按照《油气田企业增值税管理办法》缴纳增值税，即按照 17% 的税率缴纳增值税。

财政部、国家税务总局 2015 年 6 月 29 日发布的《关于石油天然气生产企业城镇土地使用税政策的通知》指出，对于以下三类石油天然气生产建设用地暂免征收城镇土地使用税：第一类是临时用地。对于井下作业、油气田地面工程、地质勘探和钻井等施工的临时用地不予征收城镇土地使用税。第二类是管道用地。对于企业厂区以外的公路及输油（气、水）管道用地、铁路专用线不予征收城镇土地使用税。第三类是油气长输管线用地对于铺设油气去输管线的用地暂不予征收城镇土地使用税。

社会性规制的信息公开与监管可从如下文件看出：

国家能源局于 2014 年 2 月 13 日印发了《油气管网设施公平开放监管办法（试行）》（以下简称《监管办法》），旨在促进油气管网设施的第三方公平准入。该文件规定，当油气管网设施存在剩余能力时，其运营企业应该向第三方市场主体提供输送、储存、液化、气化和储存等相关服务。为了促进《监管办法》的平稳有效实施，2016 年 9 月 2 日，国家能源局印发了《关于做好油气管网设施开放相关信息公开工作的通知》。该文件规定，油气管网设施的运营企业应该在 2016 年 10 月 31 日前主动公开或依申请公开其拥有的油气管网设施。

国家发展和改革委员会在 2016 年 8 月 26 日发布的《关于加强地方天然气输配价格监管降低企业用气成本的通知》中提到：第一，缩减不必要的供气中间环节。对于天然气主干管网能满足供气需求的地区，不得以任何名义通过增加供气环节来提高供气成本。第二，加大打击违规收费行为。要加大对天然气输配企业制定的各项收费规范的清理力度，对于违法违规设立收费项目、提高输配价格的行为，要予以严厉的打击和整治，并及时向社会公众公布处理结果。此文件具有承上启下的作用，既是《关于推进价格机制改革若干意见》的落地，又为国家发展和改革委员会以及地方各省出台成本监审、限制输配气价的措施提供了重要参考。

对于行业开放，国家颁布了如下政策：

2017 年 2 月 27 日，中共中央办公厅、国务院办公厅印发了《矿业权出让制度改革方案》（以下简称《方案》），《方案》指出要充分发挥市场配置资源的决定性作用，进一步扩大市场竞争的出让范围，鼓励各类投资主体公平、平等地参与竞争，激发市场活力。

在中共中央、国务院 2017 年 5 月 21 日印发的《关于深化石油天然气体制改革的若干意见》中明确提出，要逐步放开油气勘探开采，吸引不同类型的所有制企业参与勘查开采；提升油气管网的公平服务能力，省际管网、省内管网以及油气干线管道都可向第三方市场主体公平开放；加大吸引社会资本参与天然气调峰储备设施投资运营的力度。该文件明确提出，民营资本可以涉足上游勘查开采领域，此规定对民营资本来说是十分具有吸引力的，通过加强市场竞争将有效地促进国有企业改革，增强国有油气企业在市场中的竞争力。

### （二）产业结构政策

经济的快速发展带动了能源需求的快速增长，国内天然气的生产与供应已经跟不上市场的需求，为了缓解天然气供需矛盾，促进节能减排，优化天然气使用结构，2007 年 8 月 30 日，国家发展和改革委员会发布了《天然气利用政策》。该文件需求侧管理思想，采用区别对待、分类管理的思路，明确提出城市燃气为优先类用户，这在很大程度上缓解了天然气行业的供需矛盾。

经过五年的发展，天然气行业的供需矛盾已经发生了转变。2012年 10 月 14 日，国家发展和改革委员会颁布了《天然气利用政策》，以鼓励、引导和规范天然气下游利用领域的发展。政策中的要点有以下三条：第一，制定目标。制定本政策的目标是为了实现绿色低碳发展，优化我国目前以石油和煤炭为主的能源结构，促进节能减排。第二，关于天然气的利用顺序。综合考虑天然气利用的社会效益、环境效益和经济效益，以及不同用户的用气特点等各方面因素，确定了四类优先顺序，分别是优先类、允许类、限制类和禁止类。第三，将天然气用户分为五类。根据不同的用气特点，将天然气用户分为城市燃气、工业燃料、天然气发电、天然气化工和其他用户。本文件是天然气行业的基础性文件之一，其规定的天然气范围、用气优先顺序和用户分类仍是后续政策制定的重要参考，其保障条款中提到的"鼓励页岩气和煤层气就近利用""季节价格""汽车和船舶天然气加注设施和设备建设"和"调峰储气设施建设"等都是当下热议并逐步落地的政策。

2017年，我国天然气产业发展的主要矛盾出现了新情况，其矛盾主要体现为需求侧的增长出现波动，需求发展方向不明晰、空间不确定，供给侧的输配环节多、供气成本高，供给质量亟待进一步优化。针对中国能源和天然气发展所面临的新形势，国家发展和改革委员会于2017年6月23日发布了《加快推进天然气利用的意见》（以下简称《意见》）。《意见》的提出逐步将天然气培育成中国现代能源体系的主体能源之一，首次从国家政策的高度明确了天然气的战略定位。与《天然气利用政策》相比，《意见》着重强调了清洁燃料替代和新兴市场开拓，主要包括冬季清洁采暖推进，锅炉、窑炉的天然气替代和交通燃料升级。

### （三）产业技术政策

2016年6月12日，国家发展和改革委员会等联合印发了《中国制造2025——能源装备实施方案》（以下简称《方案》）。《方案》指出，在深水油气领域，加快对深水油气钻采装备和水油气资源勘探成套技术装备的攻关，着力推动深水油气装备的智能制造；在页岩油气领域，着力进行钻完井设备、6000米以内的专用钻机、大型压裂设备、高精度地质导向系统的攻关；在油气储运和输送装备方面，对天然气长输管道设备、大型天然气液化处理装置和大型液化天然气储运装备进行技术攻关。

### （四）产业布局政策

国家能源局在2016年9月14日发布的《页岩气发展规划（2016—2020年）》（以下简称《规则》）中提到，第一，我国奉行"低碳发展、绿色发展"的战略，不断加强大气污染治理，推动新型城镇化建设，在此背景下，天然气作为清洁能源将在后续发展中起到更加重要的作用。《能源发展战略行动计划（2014—2020年）》明确提出，到2020年，在我国一次能源消费中天然气的比重将超过10%，开发和利用页岩气是大势所趋。第二，为提高页岩气的利用效率，在页岩气产量偏低、天然气骨干运输网络欠发达的地区，可建设CNG（压缩天然气）和小型LNG（液化天然气）利用装置。要积极鼓励和引导不同所有制主体进入页岩气销售市场，推动形成包含页岩气开采企业、销售企业和城镇燃气经营企业等多种市场主体共存的新局面。第三，提出了2020年和2030年页岩气的发展目标。《规划》提出时正值我国天然气价格的低迷时期，所以，总体偏保守务实。《规划》对我国页岩气的发展基础、发展形势和发展目标等方面都做了较为清晰的分析和规划，是页岩气开发的基础性文件之一。

"十二五"时期，我国生物质能产业得到了较快发展，开发和利用规模快速增长，液体燃料及生物质发电已经颇具规模。生物天然气、生物质成型燃料等发展已起步，且势头良好。在国家能源局2016年10月28日发布的《生物质能发展"十三五"规划》中提到，第一，大力推动生物天然气规模化发展。到2020年，生物天然气产业要达到一定规模，要建设160个生物天然气示范县和循环农业示范县。要加快生物天然气的技术革新速度和商业化步伐，推进天然气有机肥的专业化、规模化建设。第二，加大力度扶持生物天然气，实现规模化发展。第三，投资估算。到2020年，生物质能产业新增投资要达到1960亿元左右。其中，生物天然气新增投资要达到1200亿元左右。2018年1月和8月，国家能源局分别下发了关于"生物天然气国家级示范项目"和"生物质热电联产"的相关文件，这说明国家关于生物质能开发的政策在延续，但是距离大规模的商业化运作还有较大距离。

2016 年 12 月 24 日，国家能源局与国家发展和改革委员会联合发布了《天然气发展"十三五"规划》。随着时间的推移，"十三五"规划与"十二五"规划在行业发展基础、时代背景、经济形势和市场环境等多方面都存在较大差异，"十三五"规划与"十二五"规划相比，有四个值得注意的地方：第一，首次明确地提出要发挥市场配置资源的决定性作用。"十二五"规划提到的是发挥市场配置资源的基础性作用，从"基础性"到"决定性"，契合了国家提出的市场在资源配置中起决定性作用的思路。这也表明，国家对天然气产业市场化的改革力度将会进一步加大。第二，该文件明确提出要把天然气培育成我国的主体能源之一，要提高天然气在一次消费能源中所占的比重，大力推动天然气产业的发展。第三，该文件较为全面和具体地描述了涉及产业链上、中、下游各环节以及税收政策、企业改革等多个方面的天然气体制改革方案。该文件十分明显地为我们展示了未来几年天然气行业发展的重点方向。第四，由于天然气市场因素复杂多变，充满不确定性，因此，本文件所制定的目标更加务实。例如，将天然气消费占比的目标定为一个从8.3%~10%的弹性区间，而非固定的硬性指标，表明天然气消费极易受到市场环境、经济形势及改革力度等因素的影响，从设定弹性区间可以看出该文件积极务实的基本态度。

在国家发展和改革委员会、国家能源局 2016 年 12 月 26 日联合发布了《能源发展"十三五"规划》中明确提到，第一，清洁低碳，绿色发展。逐步减少煤炭在能源消费中所占的比重，提高天然气在能源消费中的比重。第二，鼓励多种类型的市场主体参与天然气勘探的开发投资，实现第三方主体公平接入储运接收设施，推动天然气价格改革，降低使用成本，增加天然气消费。第三，更加重视机制创新，使价格的调节作用发挥得更加充分，推动各市场主体公平竞争。放开天然气竞争性环节的价格，使能源生产和能源消费的市场主体能够合理调节自身的生产经营活动。第四，拓展天然气消费市场。大力推动天然气价格改革，积极支持和推动天然气市场建设，积极探索气、电价格联动机制，降低天然气综合使用成本，扩大天然气消费规模。从该文件中可以看出，在未来，绿色环保、低碳发展将是我国天然气发展的最主要动力来源。清洁能源将是我国未来能源增量的主体，发展天然气、稳油、控煤将是我国化石能源发展的大方向。

2016年12月29日，国家发展和改革委员会与国家能源局联合发布了《能源生产和消费革命战略（2016—2030）》。关于天然气，该文件主要提到：第一，坚决控制能源消费总量。重点控制煤炭消费总量和石油消费增量，鼓励可再生能源消费。在大气污染重点防控地区，要严格把控煤炭消费总量，加大天然气替代规模。第二，让清洁能源成为需求增长的主要来源。加大清洁能源的发展力度，增加清洁能源的生产供给，是实现能源结构优化升级、绿色低碳发展的重要路径。第三，加大天然气的推广和利用。积极发展天然气、高效利用天然气的政策要进一步明确。该文件对能源革命的目标进行了明确，对能源领域面临的难题做了较为详尽的阐述，为我国的能源革命做出了全面的战略部署，具有重要的现实意义和长远意义。

在原国土资源部2016年11月2日发布的《全国矿产资源规划（2016—2020年）》中提到，第一，对石油、天然气和铀的勘探开发市场进行开放。根据油气体制改革方案的总体部署，平稳推进油气勘查开采体制机制改革，稳步开放上游勘探开发市场，引入社会资本，加快勘探开发进程。第二，强化矿产资源管理。制定战略性矿产目录，将天然气、石油等24种矿产列入战略性矿产目录，在用地、财政投入等方面加强引导力度，并进行差别化管理。第三，大力发展天然气。做大西部，做强中部，发展海域，加大天然气勘查开发力度。该文件明确了我国在接下来一段时间内矿产资源勘查、开发利用和保护等相关政策的走向，是我国推进矿业经济发展及矿产资源管理改革的指导性文件。

# 第二节　我国天然气储备政策

随着我国经济的快速发展，天然气消费量也呈现出迅速增长的态势。到供暖季，各级政府要想尽办法来保障天然气的供应。储气设施建设滞后、调峰应急保障不力、储气能力不强是导致我国冬季天然气供应紧张的主要原因。对我国目前的天然气储备政策进行梳理，有助于我们更好地解决这一问题。

目前，涉及天然气储备方面的法律制度主要分为三类：法律、行政法规和部门规章。

## 一、法律

2002 年 6 月 29 日，第九届全国人大常委会第二十八次会议通过了《中华人民共和国安全生产法》（以下简称《安全生产法》），该法律后来在 2009 年 8 月以及 2014 年 8 月进行了修改。《安全生产法》的主要适用主体为在中华人民共和国境内从事生产经营活动的单位，天然气调峰储备设施的建设属于为用户供气而进行的生产经营活动，当没有专门的立法时，可以适用此部法律。

《中华人民共和国环境保护法》在 2014 年 4 月 24 日的中华人民共和国第十二届全国人大常委会第八次会议上获得修订通过。该法主要从公众参与、信息公开和监督责任三个方面对我国的自然环境进行了保护，具有监督和促进环境保护的作用。

2018 年 12 月 29 日，第十三届全国人民代表大会常务委员会第七次会议第二次修正通过了《中华人民共和国环境影响评价法》。该法要求国务院有关部门、设区的市级以上地方人民政府及其有关部门，对其组织编制的能源、工业等专项规划进行环境影响评价，设区的市级以上人民政府或省级以上人民政府有关部门要将环境影响报告书的结论和审查意见作为其决策的重要依据。这对天然气储备设施的建设提出了更高的要求，在一定程度上影响了审批立项进度、项目建设进度和成本。

## 二、行政法规

2009 年 1 月 24 日，国务院修订通过了《特种设备安全监察条例》。该文件指出，县级以上地方人民政府应当支持和督促特种设备安全监督管理部门对压力管道的监管。对压力管道有毒介质的泄漏、爆炸造成的损失和影响进行分类，分为特别重大事故、重大事故、较大事故和一般事故四级，并对压力管道发生爆炸或者泄漏时的抢险救援方案做出指导。

2016 年 2 月 6 日，中华人民共和国国务院令第 666 号修订通过了《城镇燃气管理条例》。针对我国天然气行业发展过程中存在的燃气应急储备和应急调度制度不健全、应急保障能力不强、燃气安全供应能力不足等问题，提出了完善的燃气应急保障制度和加强燃气设施监管的举措。

## 三、部门规章

《天然气利用政策（2012）》指出，全国天然气利用管理工作由国家发展和改革委员会负责，各省（自治区、直辖市）发展和改革委员会与相关主管部门负责管理本行政区域内和天然气利用工作；对于有天然气资源和能源需求的地方，应因地制宜地建设天然气调峰发电项目；天然气的供给方和需求方都应该明确彼此在天然气调峰和天然气安全供应方面的责任，对于天然气调峰设施建设和特大型城市天然气储备机制建立国家将给予大力支持。

国家发展和改革委员会在 2014 年 2 月 28 日发布了《天然气基础设施建设与运营管理办法》。该文件明确了天然气的范围，表示除天然气外，还包括页岩气、煤层气和煤制气等，并且规定，天然气交易的双方应该遵循天然气价格管理的有关规定。该文件提出，天然气销售企业应当建立天然气储备机制，到 2020 年，拥有高于或至少等于其年合同销售量 10% 的工作气量，来防备天然气供应中断等紧急情况，以满足其所供应市场的季节（月）调峰用气要求。

国家发展和改革委员会于 2014 年 4 月 5 日发布了《关于加快推进储气设施建设的指导意见》。该文件指出，要优化我国目前的储气设施规划建设布局，建立一套更为完善的标准体系；建立健全运营模式，完善各种所有制主体参与储气设施建设的投资回报渠道；深化体制机制改革，优化市场运行环境；加大对储气设施建设的政策支持力度，快速提升储气能力；明确和落实好各主体责任，积极完成目标任务。其中，在财政金融政策方面，该文件指出，希望金融机构针对储气设施建设提供多种金融服务；对于符合建设条件的储气设施，支持地方政府使用专项资金投资建设；对于有资金需求的储气企业，国家支持其发行债券，对于储气项目发行项目收益债券的行为给予支持。

2014 年 4 月 14 日，国家发展和改革委员会印发了《保障天然气稳定供应长效机制若干意见的通知》。该文件提出，参与储气设施投资、建设和运营的各类市场主体都应该被给予平等的待遇和支持。提高应急储备能力，加强 LNG 接收和存储设施建设，加大储气调峰设施的建设力度。

2014 年 11 月 19 日，国务院发布的《能源发展战略行动计划（2014—2020 年）》指出，要加大天然气储气库的建设力度，对企业发展商业储备的措施给予鼓励与支持，通过鼓励天然气生产企业参与到调峰储备设施建设来提高其储气的规模和应急调峰的能力。

国务院在 2014 年 11 月 26 日发布的《国务院关于创新重点领域投融资机制鼓励社会投资的指导意见》中指出，政府支持和鼓励各类市场主体参与天然气储气设施的投资、建设及运营；优先支持储气设施建设用地。

2015 年 4 月 25 日，国家发展和改革委员会、住建部等六部门联合发布了《基础设施和公用事业特许经营管理办法》。该文件主要涉及以下几点：第一，简化特许经营项目的审批流程。该文件强调，各部门根据具体职责分工参与特许经营项目、项目前期的实施方案提交多部门审查以及简化特许经营项目的审批流程。第二，保障各市场主体参与基础设施建设的合法权益。该文件多次提到，要保护社会资本的合法权益，保障特许经营项目的持续稳定运行，通过对特许经营授权方进行约束来保障投资者的合法权益。第三，资本市场如何参与特许经营项目。该文件支持不同类型的资本和金融企业参与特许经营项目，希望金融机构针对特许经营项目提供多种类型的金融服务，鼓励设立如多种类型的基金，为项目的顺利建设提供财务支持。以上措施将有效提高社会资本进入天然气市场的积极性，助力天然气储备设施的建设。

《天然气发展"十三五"规划》提出，"十三五"时期的重要任务之一是支持 LNG 储气设施建设，加大地下储气库的扩容改造和新建力度。规划构建一个多层次的储备体系，对完善我国天然气储备和应急调峰体系具有重大作用。

在国家发展和改革委员会和国家能源局等四部门 2019 年 5 月 24 日联合印发的《油气管网设施公平开放监管办法》中指出：国家鼓励公平开放油气管网设施，实现不同管网设施之间的互联互通和公平接入；欢迎各类资本参与油气管网设施建设，共同提高我国的油气供应保障能力；油气管网设施运营企业需要通过指定的途径向社会公开其所运营的管网设施的基础信息、服务条件、剩余能力等情况，当相关信息发生变化时，要及时进行更新；国家能源局负责对油气管网运输企业进行监督。

# 第三节　政策绩效评价

## 一、层次分析法

层次分析法（AHP），即把影响决策的因素分为目标层、准则层和方案层等层次，构建一套多层次的评价指标体系，以完成对定性指标的定量化分析。层次分析法的提出者是 Satty T. L.，他是美国匹兹堡大学的教授、运筹学家。层次分析法是他为完成美国国防部的一项研究课题而提出的一种决策分析方法。

层次分析法的基本步骤如下:

### (一) 建立层次结构模型

将决策目标 (天然气储备政策绩效评价)、考虑因素 (盈利能力、储备能力、市场竞争、储气需求、信息服务) 和决策对象根据彼此之间的相互关系分为目标层 (A)、准则层 (B) 和方案层 (C),并制作层次结构图。决策所要解决的问题或者想要达到的目的为决策层。决策时所制订的备选方案一般为最低层。中间层是指考虑的因素、决策的准则。

### (二) 构造判断矩阵

一致矩阵法是层次分析法构造判断矩阵时所采用的通用方法,将定性分析与定量分析相结合,如果只采用定性分析的结果,难以让人信服,因此,通过构造一致矩阵,将各因素两两进行比较,以提高决策的科学性和准确性。各因素的重要性由该领域的专家学者对其进行打分。对某一准则下的各方案进行两两对比,可得到判断矩阵 $C = \{c_{[i,j]}, i, j = 1, 2, 3, \cdots, n\}$,$c_{[i,j]}$ 表示该准则层的,指标 $i$ 相比于指标 $j$ 的相对重要性,标度值通常取 1~9 及它们的倒数。

### (三) 对判断矩阵进行一致性检验

所谓一致性是指判断思维的逻辑一致性。比如,当 X 与 Z 相比是强烈重要,而 Y 与 Z 相比为稍微重要时,可以明显得出 X 比 Y 重要,这就是判断思维的逻辑一致性。因此,引入指标 CR 作为衡量判别矩阵一致性的标准,并定义:$CR = CI/RI$。式中,CR 为随机一致性比率;CI 为判断矩阵的一致性指标,由公式 $CI = (\lambda_{max} - n)/(n-1)$ 求出;RI 为平均随机一致性指标 (见表 5-1)。

表 5-1　随机一致性指标值

| n | 1 | 2 | 3 | 4 | 5 | 6 | 7 | 8 |
|---|---|---|---|---|---|---|---|---|
| RI | 0 | 0 | 0.58 | 0.90 | 1.12 | 1.24 | 1.32 | 1.41 |

当 CR<0.1 时，表示该判断矩阵具有满意的一致性；反之，则需要对判断矩阵进行调整。

**（四）层次单排序**

所谓层次单排序就是根据之前构造的判断矩阵，计算本层次与其存在关联因素的重要性次序的数值。此步骤可以认作计算判断矩阵 B 的过程，即 $BW=\lambda_{max}W$。式中，$\lambda_{max}$ 为 B 的最大特征根，W 为对应 $\lambda_{max}$ 的正规化特征向量。将 $W=[w_1, w_2, \cdots, w_n]^T$ 的分量 $w_i$ 作为对应指标排序的权重。

**（五）层次总排序**

确定某层所有因素对于总目标相对重要性的排序权值过程，称为层次总排序。

## 二、天然气储备政策绩效评价指标体系

本书为天然气储备政策绩效评价体系建立了三阶递阶模型，一级指标为目标层天然气储备政策绩效评价体系；二级指标包括盈利能力、储备能力、市场竞争、储气需求和信息服务；三级指标包括土地划拨、调峰气价等，共 15 项（见图 5-1）。

## 三、各级指标表 Saaty 判断矩阵构建与评价结果分析

通过计算可知各判断矩阵均通过了一致性检验，从计算结果可以看出：

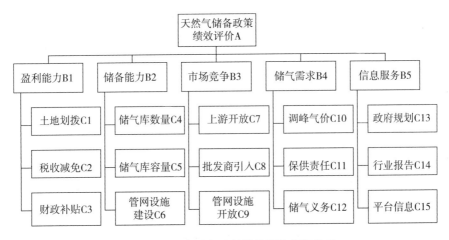

**图 5-1 天然气储备政策绩效评价指标体系**

（1）如表 5-2 所示，在准则层 B 中，权重最大的指标为储气需求，权重为 0.3676；其次为储备能力，权重为 0.3516；盈利能力指标占比最小，为 0.1147。由此可见，在储气设施建设政策系统中，储气需求有着至关重要的地位。储气设施要盈利，市场中必须存在储气需求，运营公司收取储气费用的前提是市场必须存在储气需求，储气需求的增加将提高运营企业的盈利能力，而盈利能力的提升会促使企业投入更多的资金到储气库建造技术的升级和建库资源的开发之中。因此，在政策制定过程中，要注意创造储气需求、增强储备能力。

**表 5-2 一级指标天然气政策储备绩效评价 Saaty 判断矩阵**

| | 盈利能力 | 储备能力 | 市场竞争 | 储气需求 | 信息服务 | $W_i$ | 一致性比率 |
|---|---|---|---|---|---|---|---|
| 盈利能力 | | 1/3 | 1/2 | 1/3 | 4 | 0.1147 | |
| 储备能力 | | | 4 | 1 | 5 | 0.3516 | |
| 市场竞争 | | | | 1/5 | 2 | 0.1124 | 0.0608 |
| 储气需求 | | | | | 5 | 0.3676 | |
| 信息服务 | | | | | | 0.0537 | |

（2）如表 5-3 所示，在盈利能力的子指标中，财政补贴的权重最高，达到 0.4126，其次为税收减免。通过财政补贴，企业能获得更多的资金，通过税收减免，能有效地提高企业的利润水平，提高其盈利预期，提高社会资本进入天然气储备建设的积极性。

表 5-3  二级指标盈利能力 Saaty 判断矩阵

|  | 土地划拨 | 税收减免 | 财政补贴 | Wᵢ | 一致性比率 |
|---|---|---|---|---|---|
| 土地划拨 |  | 1 | 1/2 | 0.2599 |  |
| 税收减免 |  |  | 1 | 0.3275 | 0.0516 |
| 财政补贴 |  |  |  | 0.4126 |  |

（3）如表 5-4 所示，在储备能力的子指标中，储气库容量和储气库数量的权重较高。要提高天然气的储备能力，需要因地制宜地多建设容量合适的储气库，政府应在产业政策上给予储气库建设一定的优惠。

表 5-4  二级指标储备能力 Saaty 判断矩阵

|  | 储气库容量 | 储气库数量 | 管网设施建设 | Wᵢ | 一致性比率 |
|---|---|---|---|---|---|
| 储气库容量 |  | 1 | 2 | 0.4126 |  |
| 储气库数量 |  |  | 1 | 0.3275 | 0.0516 |
| 管网设施建设 |  |  |  | 0.2599 |  |

（4）如表 5-5 所示，在市场竞争的子指标中，上游开放占比达0.5499。在中国的天然气产业链中，上游勘探开发主要面临着产能难建的问题。由于资本投入不足，且地质条件复杂，勘探开采面临着技术与环境双重困境。通过加大对上游勘探开采领域的开放力度，有效促进竞争，随着市场主体的多元化，各市场主体势必会采用更先进的技术、更

科学先进的管理理念来巩固自己的市场地位，提升盈利水平。

表 5-5　二级指标市场竞争 Saaty 判断矩阵

| | 上游开放 | 管网设施开放 | 批发商引入 | $W_i$ | 一致性比率 |
|---|---|---|---|---|---|
| 上游开放 | | 3 | 2 | 0.5499 | |
| 管网设施开放 | | | 1 | 0.2098 | 0.0176 |
| 批发商引入 | | | | 0.2402 | |

（5）如表 5-6 所示，在储气需求的子指标中，保供责任占比最高，权重达 0.4934。随着我国经济社会的快速发展，对天然气的需求大幅增加，对保供责任的落实要求也越来越高。落实保供责任可从千方百计增产增供、严格签订履行合同、建好用好储气设施、细化做实应急预案和压紧压实各方责任等方面着手。

表 5-6　二级指标储气需求 Saaty 判断矩阵

| | 调气峰价 | 保供责任 | 储气义务 | $W_i$ | 一致性比率 |
|---|---|---|---|---|---|
| 调气峰价 | | 1/2 | 1/2 | 0.1958 | |
| 保供责任 | | | 2 | 0.4934 | 0.0516 |
| 储气义务 | | | | 0.3108 | |

（6）如表 5-7 所示，在信息服务的子指标中，政府规划有着极高的权重。天然气储备设施的建设投资规模大、资金回收周期长、建设门槛高，受政策的影响非常大。我国企业极易受政策的影响，因此我国企业对政府的政策和规划极其重视，政府所颁布的政策和制定的规划是企业最为看重和最为信任的信息来源，是其制定企业战略和经营策略的重要参考。

表 5-7　二级指标信息服务 Saaty 判断矩阵

| | 政府规划 | 平台信息 | 行业报告 | $W_i$ | 一致性比率 |
|---|---|---|---|---|---|
| 政府规划 | | 9 | 8 | 0.8058 | |
| 平台信息 | | | 2 | 0.1173 | 0.0707 |
| 行业报告 | | | | 0.0769 | |

## 四、启示及建议

过去十年，我国天然气市场得到了快速发展，虽然国家与时俱进地推出了一系列新政策，但是仍存在一些问题。根据层次分析法的结果，结合我国天然气产业和天然气储备法律政策的现实情况，制定鼓励天然气储备设施建设的政策可从以下三个方面入手：

第一，明确保供责任，培育储气市场。根据评价结果，保供责任的权重达 0.1814（见表 5-8），因此，应对保供责任进行明确规定和划分。企业以追求利润为目的，当市场中存在储气需求且能获得可观利润时，企业就有投资储气设施建设的积极性。保障供气安全是天然气储备的主要目的，一旦确定了保供责任的具体主体，储气设施的用户就能随之确定，即承担保供责任的企业。此外，还需要明确下游企业对终端用户所承担的保供责任。因为下游企业直面终端用户，对用户的用气规律和消费需求十分清楚，因此，让其承担对终端用户的保供责任有利于满足高效的调峰要求和应急需求。根据天然气销售和运输合同的规定，上游企业应依法依规对下游企业承担保供责任。政府应当积极推动各市场主体平等地参与天然气上游市场的开发建设，规范供气合同，防止上游企业滥用其市场支配地位，损害天然气市场的健康、稳定发展。

表5-8　权重排序

| 备选方案 | 权重 |
| --- | --- |
| 保供责任 | 0.1814 |
| 储气库容量 | 0.1451 |
| 储气库数量 | 0.1151 |
| 储气义务 | 0.1143 |
| 管网设施建设 | 0.0914 |
| 调峰气价 | 0.0720 |
| 上游开放 | 0.0618 |
| 财政补贴 | 0.0473 |
| 政府规划 | 0.0433 |
| 税收减免 | 0.0376 |
| 土地划拨 | 0.0298 |
| 批发商引入 | 0.0270 |
| 管网设施开放 | 0.0236 |
| 平台信息 | 0.0063 |
| 行业报告 | 0.0041 |

第二，鼓励合作建库，探索多种盈利模式。储气库容量和储气库数量两者权重分别位列第二位和第三位，因此，加强储气库建设至关重要。有储气需求的天然气相关运营企业掌握的建库资源稀少，而石油公司和盐业公司掌握了大量适合建库的地下盐矿、枯竭油气藏等优质建库资源，两者合作可以实现资源互补，探索出新的盈利增长点。我国天然气市场相较于西方发达国家来说起步较晚，储气设施建设技术和运营经验还有很大的提升空间，而西方发达国家建设和运营储气设施的历史已达百年之久，经验丰富，技术完善。通过推动对内对外合作，可以充分地调动建库所需的资金、技术及必需的建库资源，发现新的盈利模式，实现共赢。

第三，实施税收减免，加大财政补贴。储气库项目的建设投资金额大，市场风险高，资金回收期长，如果完全依赖企业的储气设施盈利来回本，将大大降低企业的积极性，使其提高储气价格，给下游企业造成巨大的负担。实施税收减免和财政补贴，可以提高储气库建设运营的盈利预期，吸引各方资本投身储气库建设，为下游企业减轻价格压力。

# 第四节　本章小结

天然气作为我国能源的重要组成部分，关系着国计民生的方方面面，其发展受政策的影响非常显著，虽然我国已经推出了一系列产业激励政策，但实际效果并未达到预期。为了分析天然气产业发展和安全储备的影响因素，通过文献分析法、定性分析和定量分析相结合的方法，建立层次分析模型，对天然气储备政策的效能进行评价。模型设计了天然气储备政策评价指标体系，利用定量化的评价指标权重对政策效能进行评价，确定影响天然气储备发展的关键要素，并在政策效能分析的基础上，从明确保供责任，培育储气市场；鼓励合作建库，寻找多种盈利模式；实施财政补贴，降低税收负担三个方面提出改进措施。

# 第六章

## 我国天然气储备体系的构建

近几年，我国天然气进口量的增速不断加快，对外依存度有所攀升，由 2015 年的 31% 升至 2018 年的 45.3%，较 2015 年提高了约 14 个百分点。此外，我国储气基础设施建设滞后，储气能力低于全球及欧美发达国家的平均水平，制约着天然气的安全稳定供应和行业的健康发展。

除上述因素外，还有许多因素可能导致天然气供应的中断或减少，如国家战争、自然灾害等，都是天然气供给的隐性威胁。因此，建立我国天然气储备体系迫在眉睫。

## 第一节　我国天然气储备体系建立的原则

### 一、安全性原则

天然气的主要成分是甲烷，一旦燃烧，就会释放出大量能量，这使天然气的运输和储存具有很大的危险性。所以，在构建天然气储备体系的整个过程中，要研究天然气储备的安全运行理论，建立天然气储备的安全标准，发展储气安全运行技术，充分考虑并了解储罐的存储原理，定期检测和保养储存设备，建立监测系统，安排责任人定检、点检、日检，全面排查储备设施周边可能存在的隐患，及时发现问题，以便迅速地启动应急预案，达到应急处置的目的。以安全性为准则的观念必须从始至终地放在首位。

## 二、经济性原则

天然气储备是一项规模庞大、投资金额巨大的项目，需要耗费大量的人力、物力以及财力。虽然储备天然气是有利于国计民生、经济安全和国防建设的物资储备行为，值得大量投资，但在构建天然气储备体系的过程中，也应关注其经济性，根据天然气的消耗总量、产区分布以及进出口管道分布等情况，在全国范围内整体规划，合理安排布局。在可控范围内，根据不同地区的不同处境，选择多种储气模式，在保证技术先进的同时，还需保证安全可靠，节省不必要的资金花费，提高天然气储气体系的经济效应。

## 三、稳定性原则

在天然气的储备过程中，需要保证天然气的相对稳定，不能在没有应急任务的情况下频繁出库，否则将会耗费大量的人力、物力和财力。而且，若管理不善，还可能会导致其性态发生改变，不能继续使用，造成资源浪费。天然气作为不可再生能源，其数量会随着开发利用不断减少，因储存失败而导致的浪费是十分不合理的。因此，必须要保证存储质量，维持天然气性态的稳定。

## 四、无偿性原则

天然气储备是以保障社会稳定的方式来促进经济协调发展的，主要表现为社会效益优先，提高经济效益并非其主要目的。国家储备天然气通常是为了应对突发事件、保障国家安全，是国家公共政策的组成部分。天然气储备的调拨是一种强制性的无偿行为，不能为获取经济利益而讨价还价，必须以大局为重、以国家和人民为重。

# 第二节　我国天然气储备体系的框架设计

借鉴已建立天然气储备体系的国家的经验，可将天然气储备分为国家储备、商业储备和义务储备三种形式。国家储备是指由政府出资并控制，用于应对突发性事件的储备，如国家战争、自然灾害等造成的天然气供应短缺或大规模中断的情况，具有政策性、公共性和非营利性等特点；商业储备是指企业从利益角度出发，为满足生产性周转和季节性调峰而储存气源的一种方式，这种方式反应灵活、运作高效，但也存在利益至上的弱点；义务储备是指企业按照国家的法律法规承担起的储气义务，是一种强制性储备。以这三种储备方式为核心建立起的天然气储备体系不仅可以满足我国季节性高峰的用气需求，还可以应对天然气供应不稳导致的价格波动，降低进口风险，保障国家安全。

目前，国家缺乏明确的天然气储备体系构建的规划与设计，虽然我国已经在政策上给予指引，但由于建设天然气储气库的时间周期较长、投入资金规模较大，我国的天然气储备规模难以在短时间内迅速扩大。而且，我国的储气设施为国有企业的专属领域，高额的成本使民营企业暂未参与其中。此外，因天然气储备设施的安全标准很高、易发事故，民营企业若想达到标准进入这一领域是十分有挑战性的。尽管如此，国家仍然希望民营企业能够进入储存装置的建设领域，实现三方储备的愿景。

结合我国目前的实际情况，提出我国天然气储备体系构建的完整思路（见图6-1）。

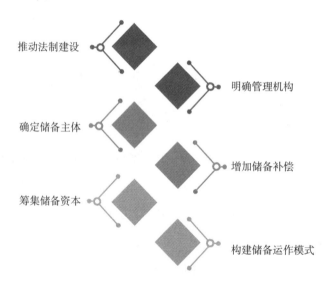

**图6-1　天然气储备体系的构建流程**

## 一、推动法制建设

目前，我国的天然气储备体系建设还处于初级阶段，缺乏监管，尚未制定出针对天然气开采、运输与存储整个过程的相关法律制度，无法引导整个行业的发展，只能依靠一些分散的政策，如《石油及天然气勘查、开采登记管理暂行办法》《城市燃气管理办法》以及各地的地方性法规。这些制度主要强调政府的管辖，其强制力相对于法律而言十分有限，当一些问题出现时，国家和政府还需要出台大量的政策文件来弥补，导致执法随意、行业发展不稳定，难以规范整个行业的发展。目前，天然气在立法领域还有很多问题急需解决，我国天然气储备体系确立的首要任务就是建立起完善的天然气储备法律体制，只有在正确严密和逻辑完整的储备法律体制的引领下，我国的天然气储备才能加快建设的步伐，逐渐走向正轨。

## 二、明确管理机构

液化天然气的管理缺乏明确的主管单位，这势必会造成安全问题，导致在产业推动上缺少有力的政策支撑点。我国能源部下设的石油天然气管理局负责我国石油、天然气等能源资源的管理，规定天然气的储备主体、储备比例以及储备气的定价等内容。与此同时，中石化、中石油等大型国有能源企业作为我国天然气储备的中坚力量，也担负着天然气储备的管理职责，其主要工作内容包括天然气的应急、调峰与储备。在天然气储备过程中出现了多头管理、重复管理的现象，这种职责交叉情况不利于我国天然气储备体系的建立，因此，在中国天然气大环境不断改善的前提下，应加强石油天然气管理局的管理职能，强调大型能源国企的执行职能，规范整个管理体系，形成石油天然气管理局领导下的天然气储备管理体制，实现统一管理。

## 三、确定储备主体

我国的天然气储备以国家为储备主体，有关储备的一切经济损失都由国家来承担，大型国有石油公司负责天然气的开采、运输、销售以及储备。当天然气的储备规模足够大时，可以在日常生产运行正常的情况下，增加能源企业在用气高峰时的供应；当用气量不大的时候，可以将其慢慢存储，以备不时之需。完善民营企业的引入机制，在天然气储备体系建立的过程中，鼓励民营企业储备天然气，将国家储备形式转向商业储备和国家储备并存的形式。由于储备需要大量的资金支持，费用高昂，所以，很多民营企业很难靠自身的力量支撑其开销，但是对企业来说，利润至上，只要有收益就愿意投入，因而，吸引民营企业参与天然气储备项目也是有可能的。所以，只要能展现出能源储备的利益面，便能吸引到很多企业的关注与投入。到目前为止，已经有多个省份针对本省天然气储备短缺的情况建立了燃气资源管理储备制度，以地方政府为主体，委托所辖区域内的天然气供应公司，这一制度使当地在突发重大灾难发生或天然气供应紧急中断时能迅速反应，保证天然气的顺利供应，这是一个非常大的进步。

## 四、增加储备补偿

### （一）增加成本补偿

天然气储备体系的建设成本过高，企业缺乏高额利润的推动，没有内在动力，出现了上游推给下游，下游又推回给上游这一推诿现象，中国天然气储备体系建设缓慢与此有很大关联。想要解决该问题，首先国家需要给出一定的诱惑条件，刺激企业主动储备天然气；降低企业的储存成本，在价格比较低时存储天然气，计算储存费用与运输费用，帮助企业在运输费用不高的情况下，利用空闲管道存储天然气，在用气量大的时候，提升价格将其出售，从而在日常运营中获取利润，这种动力能够促进企业主动进行天然气储备。其次需要给予其一定的成本补偿，要提前把各项支出合理划分，在一定程度上给予各种补贴，使企业的利益得到最大限度的扩张，大力支持民营企业参与储备项目，激发其参与项目的兴趣，使其资源参与进来，加速我国天然气储备的进程。国家要义无反顾地投入成本，帮助参与其中的民营企业降低风险，创造一个良好的参与氛围。

### （二）实施减免税措施

LNG 中继站是一种可盈利的储备模式。即便我们选择运营中继站，也必须在将整个运营体系完成后才能形成最终的盈利模式，所耗费的时间十分漫长。作为储备方式，在前期阶段，会面临严重亏损，此时，地方政府就要担负起自身责任，在税收政策上加以变通，降低民营企业的税负，在关键时期还要给予企业一定的政府补贴，以保证天然气储备体系的正常运行。目前，我国已经为石油储备基地建设提供了税收减免优惠，所以，我们也可以借鉴石油储备建设的税收减免政策，减免储备企业进口天然气环节的各项税目，如免征天然气储备项目的企业所得税、对天然气商业储备进口经营中占用的土地免征土地使用税，甚至可以免征进口天然气的增值税。

### （三）实行加速折旧的财税制度

日本鼓励民营企业购置能源储备设备，如果民营企业购买的是本国政府指定的能源储备设备，将允许企业按设备购买费用的30%实行加速的特别折旧。因此，我国也可以学习日本这一策略，在合理范围内，对参与储备的部分民营企业采取能源储备设备加速折旧制度，允许企业采用提取年数总和的递减法和双倍余额的递减法两种方式来加速提取，但具体的提取方法一经确定，不允许随意改变。

### （四）给予贷款优惠

我国可以指定银行为参与天然气商业储备的商业主体提供合理的贷款计划，当天然气储备企业申请相关的商业贷款时，若其满足贷款条件，经指定银行审批，就可以获得较未参加天然气储备的企业相对优惠的贷款。这种贷款利率较低，银行损失部分由国家补贴，只要民营企业取得了能源储备资质就可以申请，但必须明确的是，申请的贷款必须用于天然气储备的相关项目，不得用于其他无关方面，如天然气基地建设、天然气储备相关商品的开发与购入以及天然气储备的经营等。

## 五、筹集储备资本

天然气储备需要庞大的资金支持，想要筹措到如此大规模的资金，不仅要在国家政策方面提供支撑，还应在财政方面加以扶持。

### （一）建立天然气储备基金

为了保证天然气储备基地建设的稳定资金，可以学习日本，采用专款专户管理的模式建立天然气储备基金。通过征收税费或附加费来筹集资金，一部分用于补贴承担国家储备义务的大型能源国企，另一部分用于补贴参与天然气储备的民营企业，并且鼓励其他相关组织担负起保障社会能源储备的责任。

### （二）筹集社会资本

在天然气储备设施的建设过程中，固定资产投入巨大，需要承担较大的资金消耗压力，为了能加速我国天然气储备体系的建设，尽早完善我国的天然气储备体系，政府需要选择更为独特的方式引入社会资本，发行天然气储备债券就是一个十分不错的选择，发行债券对筹集社会资本有很大帮助。天然气储备债券由独立的国家油气储备中心负责发行，采用长期债券与短期债券相结合的方式，主要对象为中长期投资者，不仅可以面向国内发行，还可以在国家同意后直接面向国外投资者发行。近几年，世界宏观经济下行，股市走势大幅下挫，国民选择将钱存入银行，居民储蓄率上升，闲散资金增多，这给发行天然气储备债券的投资者提供了非常大的机会和可能性。

## 六、构建储备运作模式

虽然天然气储备和生产储备是两个不同的概念，但两者相辅相成。当一个国家经济稳步发展、无重大灾害发生时，可以将一部分储备天然气销售出去，加快天然气资金的流动，避免发生资源浪费的现象；当发生重大灾害导致天然气供应中断时，天然气的储备必须充分发挥其作用，企业应暂时放弃自身利益，把国家安全放在首位。目前，我国天然气储备体系的构建还处于起步阶段，只有不断地补充、完善与发展，才能真正形成规模化的经济运作模式。由大型能源国企选择建立储气库的地理区位，适宜的地理位置有利于降低天然气的储气成本，大规模天然气的储备成本远远高于日常天然气存储成本，国家不仅可以起到调控定价的作用，还可以帮助企业承担相应的损失。当天然气储备工作顺利步入正轨后，民营企业便可以成为天然气储备的中坚力量，支撑起天然气储备工作，参与天然气储备项目的运行，发挥其调节市场的作用，保障天然气的顺利供应，基于上述分析，建议中国天然气储备采取如下运作模式（见图6-2）。

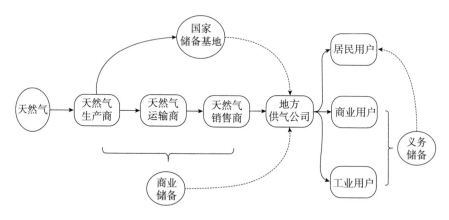

图 6-2　天然气储备运作模式

# 第三节　天然气储备方式与技术的经济比较分析

## 一、天然气储备方式

天然气储备方式可分为气态储存、液态储存和固态储存，其中，气态储存主要包括储气库储存、高压储气罐储存、管道储存、管束储存以及吸附储存等；液态储存主要指采用液化天然气的方式储存；固态储存主要指采用天然气水合物的形式储存。

### （一）天然气的气态储备

气态存储方式主要可分为储气库存储、高压储气罐存储、管道存储、管束存储和吸附存储这五种方式。

（1）储气库存储。储气库容量大，不受气候影响，安全可靠，管理简便，环境污染相对较少，包括枯竭油气藏改建储气库、盐穴建造储气库、含水层建造储气库及废弃矿藏改建储气库这四种方式。

（2）储气罐存储。储气罐储存可以分为高压储气罐储存和低压储气罐储存两种。低压储气罐一般用于化工厂和石化厂的工艺气中间储存，工作压力一般为 0.005 兆帕。高压储气罐主要用于我国城市配气系统的高压供气，工作压力一般为 0.5～3.0 兆帕。地面储气罐和管道储气等储气方式的储存容量小，只能用于调节昼夜用气，要想根本解决季节性用气不均衡的问题，最长远的办法就是建造大型的地下储气库。

（3）管道存储。管道储存也是高压储存方式的一种，它是利用输气管道末端的压力和容积变化来储存的。利用城市高压管网进行储气，比长输管道末端更接近用户，能够更及时、快捷地对用户的用气波动做出反应。目前，我国对于这种存储方式已有丰富经验。

（4）管束存储。管束存储是高压储气方式的一种，是用直径较小、长度较长的若干根圆形钢管按一定的间距将天然气排列连接起来，对压入的天然气进行高压储存的一种储气方式。管束存储由于管径较小，存储的压力比圆筒形和球形的大型高压天然气储气罐更高。

（5）吸附存储。吸附存储的方式为在储罐内添加天然气吸附剂，充分利用吸附剂巨大的内表面积和丰富的微孔结构，借此达到一定的存储压力，使天然气在常温、3～6 兆帕的压力下，实现高密度吸附存储技术。在向含有吸附剂的储罐中充气时，气体被吸附在吸附剂固体微孔的表面；当储罐对外供气时，气体通过从吸附剂表面脱落而向外供气，虽然吸附剂本身的体积较大，占据的存储空间较多，但由于其吸附力强，储存效果良好。

**（二）天然气液态储备**

液化天然气是一种天然气液态形式，具有高热值和高性能的特点。

在饱和的蒸汽压力接近于常压状态的储罐中进行储存，根据储罐材质的不同可分为两种：地上金属储罐储存和预应力钢筋混凝土储罐储存。地上金属储罐使用的是双壁金属储罐，内壁由镍钢或铝合金钢制成，外壁由碳钢制成，能够很好地保护内外壁间的隔热材料，环保效果很好。预应力钢筋混凝土储罐的各个部分均由混凝土制成，施加预应力后便难以产生裂缝。该储罐的绝热方法包括以混凝土外部绝热和内部绝热两种，储罐形式灵活，可以在地上建造，也可以埋入地下。

### （三）天然气固态储备

天然气固态存储，即天然气水合物（NGH）存储，是将天然气以固态甲烷的形态储存。在储罐中，水经过制冰装置，获得冰水比例为1：1的混合物，在三级反应器系统中与天然气生成水合物，水合物离开最后一级反应器时，重量占比为30%，然后分离掉剩余的水，放置于储罐中等待运输。在标准状态下，1立方米的天然气水合物可储存150~200立方米的天然气，结晶形成不同类型的笼型结构，可储存于-40℃~45℃、稍高于大气压力的钢制储罐中，固态形式的存储对天然气的预处理要求低，安全可靠，成本也低。

## 二、天然气储运技术的经济比较分析

### （一）气态天然气（PNG）储运技术的经济分析

储气库中的天然气主要依靠管道运输，气态天然气单位体积气体的储运成本包括天然气管线的起始站费用、运输费用以及储气库的终点费用。

#### 1. 起始站费用

起始站费用主要包括起始站的折旧费用及调压费用：起始站投资费

=基本设施折旧费+调压费。假设基本设施的折旧费用为 0.5 元/立方米；调压费用主要与压缩机功耗有关，调压费用=$\Delta P \times 0.01$。所以，起始站建设费用为：$T_1 = 0.5 +$（5-起始压力）$\times 0.01$。

**2. 运输费用**

该部分主要为管道建设的折旧费用 $T_2 = -5 \times 10^{-7} \times$运输距离$^2 + 0.0018 \times$运输距离$+0.024$。

**3. 终点费用**

高压天然气通过管线输送到储气库后，需经过计量调压，使压力小于 5 兆帕。调压成本包括工艺管道、调压计量设备、自控仪表、土建及管理运行等费用，参照广深地区调压站的费用成本，综合起来为：$T_3 = 0.4$。

**4. 总费用**

综合以上分析，单位体积天然气的 PNG 储运成本为：$T = T_1 + T_2 + T_3$，即：$T =$（5-起始压力）$\times 0.01 - 5 \times 10^{-7} \times$运输距离$^2 + 0.0018 \times$运输距离$+0.924$。

PNG 运输距离与单位之间的关系如图 6-3 所示。

管道输送技术受气源、距离及投资等条件等限制，输送压力高，运行、维护费用较多；储气库可存储量巨大，投资大，成本高，但作为国家储备，其建设也是十分必要的。

**（二）液态天然气（LNG）储运技术的经济分析**

液态天然气单位体积气体的储运成本包括起始站费用、运输成本与终点站费用。

**1. 起始站费用**

假设 LNG 站建设的一次性投资为 1620 万元，使用寿命为 10 年左右，一辆 LNG 槽车约能储气 6500 立方米，每天可充装 10 辆槽车，按

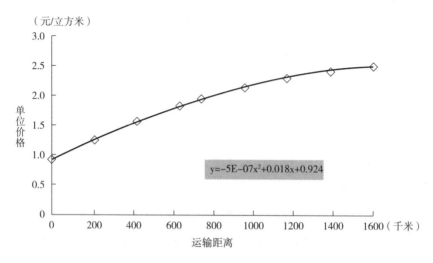

（元/立方米）

$y=-5E-07x^2+0.018x+0.924$

运输距离

图 6-3　PNG 运输距离与单价之间的关系

照每年运行 300 天计算，一年共运气 1950 立方米，10 年可运气 1.95 亿立方米，单位体积液态天然气的基础设施建设费用 = 1620/19500 = 0.08 元/立方米。

液化天然气的液化成本远高于其他储运方式的压缩调压成本，根据实际的工程经验，调压费用为 0.5 元/立方米。

**2. 运输成本**

液态天然气的运输需要配套的槽车，因此，该费用主要为储运车的折旧费用以及维修保养费用等，这一部分的费用相对较高。其中，每辆储运车的造价约为 100 万元，可以使用 10 年，加上维修保养费用，计算得到储运车的折旧费用约为 0.24 元/立方米。

起始站费用 = 站点建设费用 + 调压费用 + 槽车费用，即：$S_1$ = 0.08 + 0.5 + 0.24 = 0.82（元/立方米）。

燃油费也是运输成本中较为重要的部分，每辆储运车的油耗为每千米 0.001 元/立方米。即：$S_2$ = 0.001 × 天然气运输距离。

**3. 终点站费用**

终点站部分的压力调节是关键环节，主要是通过空气气化的方式予以气化，然后在进行压力调节，该部分建设成本主要为气化站的建设折旧成本和人工等管理费用，可以按 0.3 元/立方米来进行计算，即：$S_3 = 0.3$（元）。

**4. 合计费用**

通过上述计算可以得出，单位体积液化天然气的储运成本的计算公式为：$S = S_1 + S_2 + S_3 = 1.12 + 0.001 \times$ 天然气运输距离。

LNG 运输距离与单价之间的关系如图 6-4 所示。

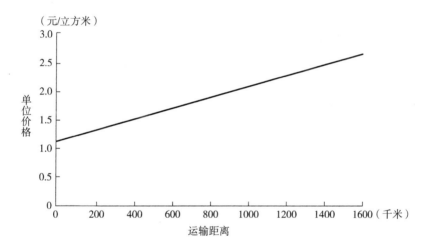

**图 6-4　LNG 运输距离与单价之间的关系**

通过上述计算可以看出：①在 LNG 储运方式中，装置具有高效、灵活、简便、高密度、低成本的特点。②该储运技术既能实现陆地运输，又能在海上进行运输，且海上运输成本更低，能实现高效和经济的运输。③该储运技术对压力的调节十分关键，天然气的液化压缩过程导致起始站点的成本较高，但终点站的压力调节成本相对较低。

### （三）固态天然气（NGH）储运技术的经济分析

固态天然气的储运成本与液态天然气相似，评价储运成本需要综合考虑这三个方面的因素。

**1. 起始站费用**

假设水合物储运站建设的一次性投资为 400 万元，使用寿命为 10 年左右，一辆水合物储运槽车约能储气 6700 立方米，每天可充装 10 辆槽车，按照每年运行 300 天计算，一年共运气 2010 万立方米，10 年可运气 2.01 亿立方米，单位体积天然气水合物的基础设施建设费用 = $400/20000 = 0.02$ 元/立方米；水合物的生成费用大约为 0.1 元/立方米；$V_1 = 0.02 + 0.1 = 0.12$。

**2. 运输成本**

水合物的运输需要配套的水合储运车，因此，该费用主要为储运车的折旧费用以及油耗费用等，这一部分的费用相对较高。其中，每辆储运车的造价约为 200 万元，可以使用 10 年，加上维修保养费用，计算得到储运车的折旧费用约为 0.13 元/立方米。每辆车大约能载气 6700 立方米/次，油耗为每千米 0.0018 元/，由此可得：$V_2 = 0.13 + 0.0018 \times$ 天然气运输距离。

**3. 终点站费用**

由于下游用户使用的需要，需要建设一座调压站，NGH 分解后可通过管线输送到调压站，然后经过计量调压，最后进入城市民用管网。调压站的成本包括工艺管道、调压计量设备、自控仪表、土建以及管理运行等费用，合计为：$V_3 = 0.2$。

**4. 合计费用**

通过上述计算可以得出，单位体积固态天然气的储运成本的计算公式为：$V = V_1 + V_2 + V_3 = 0.43 + 0.0018 \times$ 运输距离。

NGH 运输距离与单价之间的关系如图 6-5 所示。

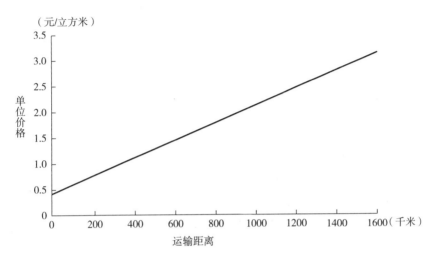

图 6-5　NGH 运输距离与单价之间的关系

通过上述计算可以看出：①水合物储运方式对设备要求低，操作方便，总体投资较低，适宜安全运输。②水合物的大规模快速生成、固化成型、集装和运输过程中的安全问题、水合物的有效分离手段及水合物的高效分解方法是当前研发的重点，也是推广该种储运方式的关键。

# 第四节　我国天然气储备选择与布局研究

## 一、天然气储备选择

目前，由于我国固态水合物储运技术还处于研究阶段，尚未完全成熟，所以，我们可以选择天然气储气库与 LNG 中继站相结合的储备模式来保障我国的天然气供应需求。

### （一）天然气储气库

我国的天然气储存方式有地下储气库储存、地面球罐存储等方式，相比于地面球罐储存，地下储气库的可储量较大、使用年限较长、安全性能强，因此，地下储气库在我国被广泛应用。

该方式就是通过天然气管道将市场上购买来的天然气再次排入储气库，形成一个人工天然气田。地下储气库一般设立在需求量较大的城市周边，方便该城市使用提取。天然气储气库的建设标准较高，对地质结构的要求极为严苛，故而，建设成本较大。为了节约成本，世界各国纷纷将废弃的天然气矿井改造为地下储气库，这也是当前世界各国最主要的储气方式。目前，由天然气矿井改造而成的天然气储气库的储气量占据了全世界 90% 以上的份额。该储气库是由废弃气田改建而来的，成本较低，储量较大，单个储气库的储量可达数亿立方米甚至数十亿立方米。

天然气储气库具有如下优点：

（1）平衡市场供需要求和调峰。由于不同客户对天然气的需求量不尽相同，加之抽气导致库内负荷变化较大，当需求量处于低谷时，可以往库内补气；当需求量处于高峰时，可以从库内抽气，通过该方式可以使库内的天然气维持当量，同时也可以平衡市场需求。

（2）保证供气的可靠性和连续性。当供气商由于特殊原因（设备检修、突发故障等）无法供气时，此时，城市需求量可通过修建好的天然气储气库来获得临时满足，通过抽气来保证客户的现实需求。

（3）有助于管网设施的优化。天然气储气库依赖于输气管网的运行，为保证储库储量的稳定，需要大量铺设输气管道并提高管线的利用率，此时，输气成本明显降低。

建设地下储气库的关键在于位置的选取，选址时必须满足三项基本要求：第一，地质状况与施工技术相适用。该地的地质结构足够稳定，且建设方有能力对此地进行建设，同时满足建设标准的所有规定要求。第二，安全环保与技术水平相适用。在建设过程中，要满足安全、环保的储气库建设标准。第三，市场效益与技术水平相适用。储气库的投入和回报必须与建库技术要求一致。

在不同发达程度的国家和地区，三项基本气库建设要求的适用程度不尽相同，一般是通过比较是否符合经济效益的方式来衡量其作为库址合适程度。一般来说，在三项基本建设要求的规范下，结合甲方提出的具体要求，这样选出的地址大概率是合适的。当然，还要注意下述情况：首先，储气库的建设地尽量离需求客户近一些，最好不要超过 150千米，或是紧挨输气的主要管网，这样可以快速进行供气和管线连接。其次，储气库的位置要远离城市核心区域、重要设施区域以及人流密集区域，避免储气库泄漏对地面的安全状况造成威胁。再次，储气库的位置要远离自然状况恶劣的区域，以此来保障储气库以及日常工作人员的安全。最后，要对废井进行封口处理，因为储气库建立在废弃的气田中，很多废井由于年久失修，可能会在储气库进行输气抽气时出现泄漏情况。因此，封堵废井极其重要。

当前，随着我国化工产业以及经济社会的高速发展，社会各行业对能源的需求日渐扩大，能源储备对一个国家的战略实施水平越来越重要，地下储气库的发展确保了我国天然气战略的安全实施。如今，我国储气库的建设目的由调峰型发展为储存型，建设水平也在日渐提高。

## （二）LNG 中继站

LNG 中继站将 LNG 无线卫星站作为核心，并在其周围系统性地增加了一些配套设施，形成了一套全面的产业系统。该产业系统不仅能增加我国天然气的储备量，还可以根据自身的理化特性带动周边产业的进步。因此，LNG 中继站不单单是一个设施，还是一个全面的产业系统。

LNG 无线卫星站是一种小型的民用 LNG 接收站、气化监测卫星站，广泛应用于一些没有输气设备管线或者难以直达的中小城市以及需大量使用液态天然气的特殊地域等。我国目前一些规模较大的城市也修建了一些液态天然气卫星站，用以储备天然气，以备不时之需。但当前我国所修建的无线卫星站的储量较小，一般都低于一千吨，个别卫星站的储量较大，但也不超过一万吨，因此，我国液态天然气的无线卫星站对城市的保障作用比较有限，散落分布的无线卫星站难以增强全国范围内的天然气储存能力，而且在区域之间应急调峰时不能高效协调，并且多数无线卫星站目前并不能达到接入管网的条件，这对提高全国性天然气储备水平无明显作用。

LNG 中继站的出现改变了这一现状。由于自身的全面性和系统性，通过周边全面的系统设施，依靠天然气管线，可以带动周边整个辐射区域的行业发展，进而提高运行利润，使最终的总体利润超过前期的建设支出以及后期设备维护和人员酬劳的支出总和。通过加大 LNG 中继站的前期建设，可以确保我国天然气的战略实施，保障我国天然气的使用不受外国限制，从而达到战略安全的目的。

LNG 中继站的作用是全方位的，主要体现在以下五个方面：

（1）该中继站本身是一种储气装置，通过大量储气，可提高城市的抗风险能力，保障紧急状态下城市的基本需求，维持国家的战略安全。

（2）由于中继站中的液化天然气是通过液化从天然气管线中抽取的天然气而成的，抽取时间由人为掌控，因此，可以在用气低谷期进行抽气，维持管道内气量的稳定，减少上下游输气储气的压力，确保行业内的持续稳定。

（3）根据液化天然气自身的特性，可以利用其冷能和热能，在中继站旁边建设热电厂和冰库，既降低了能源浪费，又提高了产业收益，一举两得。

（4）液化天然气经过压缩后只占用很小的空间，可以进行公路运输，使不具备铺设管网条件的城市也可以获得足量的天然气，对行业的发展有极大的推动作用。

（5）由于中继站及其配套设施可以带来可观的收益，因此，可以鼓励当地的政府部门、大中型企事业单位踊跃地参与进来，共同完成中继站的前期建设。通过建设大量的中继站，进而形成网络，有力地推进了国家天然气战略的实施。

LNG 中继站的建设地点需满足以下几点要求：第一，LNG 中继站的建设地需靠近用气城市，且位于其风向下游，为防止出现天然气泄漏等安全问题，建设地要远离城市核心区域和人流密集区域。由于工业企业对能源的需求量极大，因此，可适当地靠近工业园区。第二，LNG 中继站是通过抽取天然气管线内的天然气来进行运作的，因此，必须连接天然气管线，但并不一定要连接主干线，只要位置合适，连接支线甚至地方管线也可以。另外，由于液化厂的抽气量较大，容易使管线压力快速下降，因此，尽量选取管线中间的位置，不影响管线末端的其他客户用气。第三，LNG 中继站要建在天然气管线重点设施的下游，防止这些设施在检修、故障时影响下游供气，同时保障在意外情况下下游城市人民的能源需要。第四，LNG 中继站可通过各类水路运输的方式向客户供气，因而，在选址时要考虑交通的便利性。公路运输时，由于运输车辆的车型较大、车身较长、载重较高，因此，对公路的路宽以及转弯半径有极高的要求，所以，为保障输送安全，必须建在高速公路附近。水路运输时，运输船舶的载重一般在一万吨左右，这就要求有较好的通航条件，如果条件允许，可建在具备船舶停靠条件的大型河湖旁。相较于上述两种方式，铁路运输的成本更低，但火车的通行路线较为固定，不能很好地输送液化天然气。第五，由于 LNG 中继站有较多的配套厂区利用其冷热能产生效益，如热电厂、冷库等，因此，将 LNG 中继站设立在交通发达的工业园区附近，既可以为园区供热，又可以为其产生收益。第六，LNG 中继站的周边设施包括天然气液化厂、气化厂等，这些厂区在对天然气进行转态时，需要把气体或者水作为介质，一般来说，由于转换规模较大，通常将水作为介质，所以，中继站的建设点应该靠近自然水源地。水主要是一种转换介质，并不参与转换过程，所以，不必担心水会受到污染。

综上所述，LNG 中继站的建设地点应该选在用气量较大区域，尽量靠近工业园区，同时周边最好有自然水源，交通条件也必须通畅。

## 二、天然气储备的布局研究

根据我国国情，东部地区和南部地区为天然气的主要消费区域，天然气需求量大，供应不足；而西部地区和中部地区则为主要产区，供给大于需求，因此，资源分布不均这一问题亟须解决。天然气储气产业需要尽快得到发展，全面完善天然气输配系统，建立天然气储气库及 LNG 中继站，用管网将 LNG 中继站连接起来，形成供销一体的国内天然气运输网络，保障我国天然气运输的安全顺畅。

东北地区是我国重要的经济带和老工业基地，有很多的油气田，油气田最适合改建枯竭油气藏储气库，不仅可以节约成本，还能利用中国与俄罗斯之间的天然气管线，通过"进口俄罗斯天然气—输送至东北地区—注入储气库—售卖给消费群体"的良性循环模式大力储备天然气。

西北地区地域宽广，人口稀少，经济落后，天然气总消耗量不大。新疆盛产天然气，中亚管道的开通使天然气储备具有先天的地理位置优势，因此，可以在该地区利用现成的枯竭气藏建立大型的储气库群，使之成为我国天然气储备的中坚力量。

东部地区经济较为发达，人员密集，天然气消耗量大，管网设施建设完备，常从国外大量进口天然气，但从地理条件来看，东部地区并不像东三省和西北地区那样，有大量由油气田改造成的地下储气库，因此，在这些地区可以建立 LNG 中继站。

南部地区缺少油气田，产量不大，但消费量高，一直以来都依赖西北地区的天然气输入，若因不可抗力导致西气东输管线遭到破坏，使西北地区的天然气无法输入南部地区，南部地区将没有储备天然气可以使用。因此，南部地区应该建设以 LNG 储罐为主体的 LNG 中继站，以提高天然气的储存能力。

综上所述，我国东北地区与西北地区应该充分利用其自身的地理优势，以枯竭油气藏为基础，建设天然气地下储气库；而南部地区与东部地区在地理条件优势不足的情况下，可以建立 LNG 中继站，以达到天然气储备的目的。另外，还需要国家和大型央企进行天然气储备，鼓励各地各级政府以及各类企事业单位参与到天然气储备建设中。要本着地域优势与经济发展相结合的原则来选取储备区域的建设地块，还要糅合多种存储方式来选取合适的建设地块。对于不适合建立地下储气库的地区，要加强 LNG 中继站的建设力度，确保经济发达区域的足量供给。气田的开发以及天然气的储藏要稳扎稳打，不能急功近利、急于求成，要稳步建成天然气合理开采、输送、储藏、消费、使用的良性循环体系，促进其与国家储备的合理匹配，有力地保障国家天然气的储备安全。

# 第五节　本章小结

本章主要论述了我国天然气储备体系的构建及布局问题，第一部分、第二部分梳理了我国天然气储备体系的构建原则与构建思路，提出了天然气储备的运作模式。天然气储备体系要以安全性、经济性、稳定性和无偿性为准则，围绕国家储备、商业储备和义务储备共存的模式来构建，在构建过程中，应充分考虑法律体制、储备补偿和资金支持等多项影响因素。第三部分对天然气的存储方式进行了研究，总结了各类天然气的储存方式，对三种物理形态的天然气的储运过程进行了详尽的技术分析，并总结出了每种储存方式的优缺点。第四部分提出了以储气库与 LNG 中继站并存的储备模式，根据我国不同区域的地域特点，合理布局，多气源、多形式、多方向地保障天然气的供应安全。

# 第七章

# 促进天然气储备体系建设的政策优化路径及制度安排

## 第一节　促进天然气储备体系建设的政策优化路径

### 一、借鉴各国经验，建立适合我国的储气库运营管理模式

从用煤时代到用气时代，快速的转型令人叹为观止，天然气在我国能源产销中的比重迅速提高，其重要性不言而喻。同英、美等国家的天然气行业相比，我国天然气行业起步相对较晚。在 20 世纪，几乎未有效利用天然气，甚至处于严重浪费的阶段；至 21 世纪初，中国天然气应用才进入快速发展的阶段，2010 年，首次突破 1000 亿立方米的消费量。

随着中国天然气应用的高速发展，该行业存在的问题也日益凸显，主要有以下两个问题：一是供需矛盾逐年突出。纵观我国天然气消费历

史，在 21 世纪初，由于市场上天然气消费滞后，我国天然气一直处于供大于求的状态，然而，这种局面在 2007 年出现了大反转，当年，中国天然气消费首次出现了供应缺口。2008 年，标准煤同样也出现了供应缺口，且缺口量同 2007 年基本持平。接着，仅一年，缺口量的增幅就高达 5.5 倍，在 2009 年增至 69989.5 万吨，在当年年末，甚至发生了史无前例的天然气气荒事件。2011 年之后天然气行业在高速发展的脚步中逐渐找到了合适的步伐，并逐渐自我完善。二是区域发展明显不平衡。我国天然气的主要产区是西北地区和北方地区，东部地区和南部地区基本上没有大型油气田，因此，中国天然气主要在西部、北部以及四川地区发展迅速，而经济较为发达的东部地区因输送困难，发展相对落后。虽然近年来中国天然气管道的铺设进度一直在加速，但仍存在许许多多亟待解决的问题，如管道铺设技术、设备维护、支线铺设技术及长距离管道安全保障等。此外，中国天然气网络建设由于经济、地理等多方面因素的影响致使其先天不足，这就需要通过天然气战略储备来弥补，但在天然气战略储备和应急调峰建设上，我国相对滞后。因而，对我国而言，国外储气库运营管理模式及发展经验极具借鉴意义。

借鉴国外不同国家的储气库运营管理模式，不仅可以对我国天然气储气库运营管理中存在的诸多问题进行深度剖析并找到解决对策，还能为我国运营管理模式在不同阶段的发展状况提供参考方案。通过对国外不同国家的储气库运营管理模式进行分析发现，由于各个国家的天然气储备要求不一样，所以，它们的储备管理模式也不尽相同，不过，都是从自身天然气资源情况及其市场发展特点出发的，以找到并采取适应本国国情的运营管理模式。在美国，天然气行业遵循并贯彻市场化这一机制。对储气设施建设投资方而言，使用权必须要向第三方开放，其仅有调峰储备设施的所有权和经营权。因此，虽然它具有储气设施建设投资方的身份，但库内所储存的天然气的所有权并不一定握在手中，事实上，托运人、地方配气公司或者终端用户才是该部分大多数气量的所有者。在英国，地下储气库向第三方公平开放，需要储存天然气的公司均可通过拍卖这一方式获得库存能力，目前，正在积极推动天然气市场化改革。对德国和法国这两个国家而言，天然气对外依存度高，开放地下储气库需更为谨慎。德国的储气库由 VGN 公司进行经营管理，法国则直接由政府授权给法国天然气公司的下属子公司来进行经营管理。在俄罗斯，天然气行业的大部分都受控于 Gazprom 公司。由此可以发现，无论各国采取的是何种运营模式，天然气产业链上独立运营的真正盈利主体都是调峰储气设施，且受市场调节。由具有专业知识的服务团队组成的运营商能有效贯彻储气库经营理念，并最大限度地提高使用效率，而且，其管理运营操作相对规范，可以实现效益最大化。

目前，我国仍是以中国石油和中国石化为主体来对储气库实施建设、管理和运营等工作。2014 年，《关于创新重点领域投融资机制鼓励社会投资的指导意见》这一指导意见发布后，以港华燃气等城市燃气分销商为代表的各类社会资本都积极参与地下储气库等调峰设施建设。对于建设运营中存在的问题，借鉴美国的经验，根据中国天然气行业的发展特点，建立独立的储气库运营企业以及适合的综合运营管理模式，以确保天然气行业的平稳快速和可持续健康发展。

## 二、完善我国天然气储备法律制度，推动天然气调峰储备体系的稳健发展

天然气调峰储备体系的稳健发展与平稳运行离不开政策的支持。我国在经历过 2017 年冬季全国性气荒、体验过中亚供气突然减少带来的

威胁之后，充分认识到构建天然气调峰储备体系的迫切性和重要性。国务院、国家发展和改革委员会在现有的基础上，纷纷出台相应的措施，以鼓励投资建设调峰储备体系。此外，各地还召开天然气调峰储备设施建设交流会，这无疑为推进调峰储备设施建设、助力我国天然气调峰储备体系发展提供了大好的机遇。国家对新能源汽车的鼓励措施加快了LNG 接收站的建设步伐，技术研发和创新也在不断加强。然而，不容忽视的是，出台的天然气调峰储备法律政策所涉及的主体范围广且技术性极强，因此，完善天然气调峰储备法律制度是一个具有挑战性的过程。在当前我国天然气调峰市场需求旺盛的情况下，迫切需要完善天然气调峰储备法律体系。我国可以借鉴他国的立法经验，构建一套完整的天然气调峰储备条例，将其作为调整天然气调峰储备各方面的标准，从宏观的角度上来规范它。

完备的法律可以促进调峰储备设施的健康发展。法律制度的完善与相关条例的制定需要有一定的前瞻性，并将当前的社会经济基础考虑进去，只有这样，才能够有效地调整社会关系。完善天然气调峰储备法律制度，应该立足当前的形势，宏观指导天然气调峰储备设施的有效运行，因此，完善天然气调峰储备法律制度时，需要设定自己的原则和目标。在完善调峰储备法律制度的目标设定时，要基于天然气行业的发展去完善天然气调峰储备的相关法律制度，对目前的调峰储备体系进行不断的改进和完善，在调峰储备体系的建设过程中难免会出现各种各样的问题，而法律就是对这些问题进行预判，即在状况发生前发挥预警作用，状况发生后及时起到调整作用。完善天然气调峰储备法律制度的目标可分为长期目标和短期目标，短期目标是为了解决当前体系建设及运营所涉及的相关法律问题，长期目标则是为了构建一个有关能源的完备的法律体系，在一个法律制度完备的社会里，我国的能源将在良好的法制环境中健康发展，从而为建造更加完备的法制社会环境提供根基。应使储气体系之间的设计、建设及其运行协调一致，因此，在进行法律制度设计时，应对调峰储气库的可持续发展予以充分考虑，并在其选址及技术措施上做出相关改进，通过法律进行相应的调整，推进其合理延展。

在完善天然气调峰储备相关的法律制度时，确定整体原则至关重要。这是因为法律存在固有缺陷，不能充分考虑调峰储备的各个方面，即使设定了许多微观措施，还是无法涵盖调峰储备面临的所有问题。因此，一些原则性的规定更具实践意义，有助于完善体系，弥补具体法律制度制定中存在的不足之处。在设计其法律制度时，面对天然气调峰储备体系这一特殊主体，必须要从宏观上考虑可持续发展的原则，在建设天然气调峰储备设施时，应该立足于当下，尽可能地考虑未来，而不是只顾眼前的利益。此外，在进行原则设定时，还要考虑环境保护原则，储气库的建设必然会导致一系列的环境问题，对负责建设调峰储备体系的企业而言，现有的技术条件尚不能为保护环境而牺牲自身的经济利益。但是，必须从社会的长远发展和美丽中国的建设需要出发，设计一套环境保护制度。天然气调峰储备体系建设及运营方面的环境保护，主要是指在进行地下储气库及 LNG 接收站选址时考虑环境保护的问题。在设计相关制度时，不能忽视环境只关心效益及效率。保护环境是每个社会人的责任，制度的实行是保护环境的最后一道屏障，为促进社会的长足发展，制度设计必须充分考虑环境保护。

安全保障原则主要涉及两个方面：一方面是供气高峰时段的居民用气安全保障；另一方面是天然气调峰储备设施建设的安全保障。后者的原则性规定要考虑地下储气库及 LNG 接收站建设的选址安全，以保障居民的安全，选址尽量避开人多的地方。在法律制度的设计上，相关部门及企业应该积极发表自己的看法或建议，以对天然气调峰储备库的选址原则和技术措施进行完善，努力在天然气调峰储备设施选址及建设方面履行自己的职责。在制度层面的设计上，从保障用户用气安全的角度出发，以制度层为引导对天然气调峰储备体系进行合理规划，考虑到不同地区用气量和供气量的差异，有关部门及企业在建设调峰储备体系的开端，就应当实施合理、有效的规划，避免出现因选址重叠或者地址利用不足而导致的居民合理用气需求得不到保障的情况。

## 三、优化产业管理机构，建立独立的天然气产业监管体系

在油气行业管理的政府职能上，我国的管理现状是这些职能分散在不同的部门（见图7-1）。中国目前实行的是生态环境环保部门、行业管理机构、地方政府和油气作业企业一起参与天然气开发的环境监管体制。常规和非常规天然气产业的具体安排为：常规和非常规天然气产业发展规划由国家发展和改革委员会与国家能源局主要负责；国家发展和改革委员会与能源局还负责颁布鼓励或限制常规与非常规天然气产业的政策和措施；常规与非常规天然气的价格由国家发展和改革委员会负责制定并监管；其资源管理和探矿权及开采权，由自然资源部负责发放；天然气开发利用的税收和收费标准由财政部和税务总局负责制定。

为保障体系的有效运行，监管必不可少。一旦离开了政府的监管，天然气调峰储备体系的建设及运行将会显现出诸多问题，这是因为其涉及了社会的稳定和秩序，所以必须要对其实施监管，而且监管的尺度必须要严。在宏观层面的监管责任设计上，需要制定可行的相关支持政策文件，完善监管体系，目前的监管体系已经无法满足现今天然气产业的需求，优化产业管理机构，建立独立的天然气产业监管体系迫在眉睫。

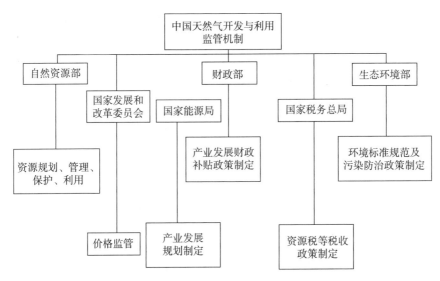

**图 7-1　中国天然气开发与利用监管机制**

资料来源：根据观研天下发布的《2018—2023 年中国天然气产业市场竞争现状调研及投资方向评估分析报告》整理。

　　尽管国家能源局已于 2013 年重组，天然气产业的监管职能已进行了一定的改革，但无论是沿用以往石油产业附属项的管理结构，还是搬用电力产业的监管模式，都不能满足和适应天然气产业快速发展的需要，建议早日形成独立的国家天然气产业监管体系。独立的天然气产业监管体系有以下三个方面作用：一是保障我国天然气产业健康发展；二是满足我国城镇化发展的迫切需要；三是使产业在降低我国经济发展带来的生态环境压力方面发挥更有效的作用。此外，为使整个产业链能更方便地进行规划、管理和协调，应尽快对上游、中游、下游的行业进行统一管理。为避免重复建设和无序建设的情况出现，建议尽快研究并出台天然气管网、LNG 接收站以及地下储气库等基础设施的统一建设规划。现阶段，国家长输干网的统一设计技术标准对我国而言极为迫切，这为未来不同市场主体的管网联通与合并打下了基础，创造了技术可行性；建立一个独立的监管机构，不但要与政府相对独立，还要赋予其相应的权力，一定要有对天然气中游基础设施建设与运营管理进行全面监管的权力。为提高天然气基础设施的使用效率，促进管网环节竞争的发生，在天然气基础设施的运营监管方面，进一步完善基础设施建设的准入和审核制度。目前，我国政府逐步实施天然气管网的公开准入机制，为降低输送成本，可适当采取一定的强制手段，使第三方准入管理办法更顺利地执行。同时，为保障天然气的安全供应，天然气质量标准的制定也需要提上日程，从而促进天然气市场化的高质量发展。此外，为打破储气设施的盈利困境，可以借鉴拆分手段，把储气设施单独拎出来，成立国家天然气储备中心和储备公司，还可以采取出租库容、买卖库内天然气的措施，让市场决定服务价格，使初期储气库设施的盈利问题得以解决。借鉴国际上较成熟的管理经验，为使我国天然气储备工作顺利进行，建议实行"三级"管理模式，即国家天然气储备办公室、国家天然气储备管理中心和储气公司。在该模式下，通过无歧视性的第三方准入和满足法定公共义务这两条准则来贯彻天然气储备监管体系，明确这三级的职能与职责，如国家天然气储备办公室的工作内容及职责为监管储气系统的进入及使用等。此外，还需对其进行统一规划和分级管理，以规范各级的具体行为。

## 四、改善投资机制和价格体制，推动天然气产业市场多元化发展

在我国天然气产业快速发展的态势下，要想突破供气"瓶颈"，并进一步推动天然气产业的加速发展，必须要快速拓宽天然气管网等基础设施的覆盖范围。对于我国储气库而言，市场化运营极其必要，因为市

场化机制和发展混合所有制已经成为储备产业新业态市场形成的重要手段，要想让天然气储备市场"躁"起来，就需要加快储气服务市场定价机制的步伐，通过价格机制来提高储气库投资建设的积极性和建库技术水平。国家发展和改革委员会印发的《关于明确储气设施相关价格政策的通知》（发改价格规〔2016〕2176号）提到，储气服务价格由供需双方协商确定，天然气购销价格由市场竞争形成。因此，结合市场的实际情况研究具体的实施方案，这一工作显得十分迫切且必要。

完成大规模储气库群建设，仅靠油气田企业一方的力量难以达成，必须改善投资机制，建立多元化投资主体。借助市场化的运作手段，天然气基础设施建设和运营的资金来源尽量多元化，有利于天然气产业市场的多元化发展。对市场各方而言，在储气设施投资建设与运营中，让多种所有制经济参与进来，将会给他们带来更多的益处。首先，多种所有制经济参与投资会使产业链更为经济，而且天然气产业链的上游、中游、下游协调工作将会更具优势，进一步保障供气安全，在这种优势之下，对储气库市场化定价机制的建立和完善也更为有利，还能推动对外开放储气服务的进度，有助于我国天然气储备市场的成熟；其次，油气田企业作为其中一方，多种所有制经济的参与将使其更容易实现资本扩张，储气库的建设也将得到质与量的飞跃；最后，与自建LNG储气设施相比，这种模式将使LNG储气设施更加安全可靠。我国政府已注意到该问题，并已开始着手有关方面的工作，为吸引以社会资本为主体的投资主体，储气库建设运营各方面要充分发挥作用，形成优势力量，进而成为助力产业发展的重要推手。我国政府已颁布有关鼓励多种所有制经济参与天然气产业各阶段建设的政策。推进有关政策落地，建立健全投资引导机制和具体实施细则，鼓励多种主体投资天然气产业，初期可将中游基础设施的各阶段业务作为切入点，实施项目招标时，应当在国家统一规划的基础上按照各规划项目的轻重缓急进行。可以采取多种形式去创造宽松的企业投资环境，一体化或者分离投资主体和运营主体的形式皆可。

与此同时，要想推动市场多元化，完善价格体系也是不可或缺的一步。目前，我国天然气的定价机制仍处于不断优化当中，在接下来的天然气价格改革及其配套体系的完善工作中，以完善和健全市场化为重点，形成合理的天然气管输费率体系，考虑管道与用户的类型和特点，实现完善的市场化价格机制。为实现市场化运营的宗旨，天然气产业需要尽快建立具有可操作性和可兼顾上下游利益的上下游调价联动机制，在上游供应成本发生变化时，采取更好的适应手段，合理减轻下游企业的负担，这不但有利于上游资源生产商和进口企业参与并从事资源勘探和引进业务的积极性，而且还拓展并充实了下游天然气利用市场，从积极意义上讲，这有助于培养消费者正确的资源消费和利用观念。

# 第二节 促进天然气储备体系建设的制度安排

## 一、我国储气库运营模式的设计思路

我国天然气市场自 2016 年以来便以快速增长的脚步前行，由于天然气消费量猛增，甚至在 2017 年的冬季还出现过缺气现象，自此之后，市场一直都保持着快速发展的状态，地下储气库在稳定市场、扩大天然气利用方面的重要性在天然气调峰需求量暴增的情况下逐渐被大众发现。国家多次颁布相关政策以推动我国储气库运营模式的完善，虽然在政策推动下，确实加快了我国储气库建设，但同时新的挑战也开始出现，地下储气库的运营和调峰机制的建立存在诸多问题。

在进行运营方案设计时，首先，应思考为谁提供储气服务的问题，即天然气的"物理流向"问题，涉及的主要对象包括资源供应公司的销售板块、各级政府、管网公司、储气库公司和终端用户。其次，需要对是谁可以拥有储气库的问题进行探寻，即地下储气库的天然气资源的所有权问题，涉及的主体即为物理流向问题中涉及的主要对象。最后，需要对储气库的定价模式及结算资金流向进行思考，即地下储气库的结算资金流向问题，建议实施"两部制"的价格模式（见图7-2），在此价格模式下，将储气库公司与销售公司进行绑定。

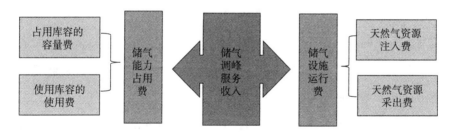

**图7-2　我国储气库"两部制"价格模式**

资料来源：刘剑文，孙洪磊，杨建红. 我国地下储气库运营模式研究［J］. 国际石油经济，2018，26（6）：59-67.

推荐以下三种储气库运营模式：

## （一）第一种："峰谷气价"模式

捆绑式销售是"峰谷气价"模式的主要特点。储气库公司从上游采购天然气，再向下游销售。储气库的注采运行、调峰和销售等工作由专业化单位运营操作，专业单位在采销一体的策略下，实现天然气"低采高卖"的目的，并从其中赚取差价（见图7-3）。

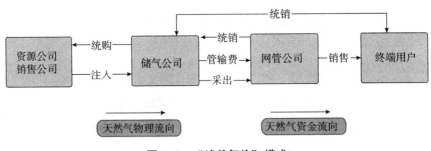

**图7-3 "峰谷气价"模式**

资料来源：刘剑文，孙洪磊，杨建红. 我国地下储气库运营模式研究 [J]. 国际石油经济，2018，26（6）：59-67.

  该模式以储气库公司为中心，从上游资源企业出发，储气库公司在夏季从资源公司或销售公司采购天然气，一般来说，每年的4~10月为储气库公司的采购周期。对盐穴储气库公司而言，它可以将采购周期适当地延长，在条件允许的情况下，可将采购起始月和终止月各提前和推迟一个月，增加两个月的时间。再流向下游用户，包括燃气公司、大用户等，储气公司同他们签订销售合同，根据储气库的采气能力对冬季的调峰责任进行合理安排，在实施峰谷气价时，储气库公司参考市场的价格波动制定调峰气价，并对调峰气量管输费予以确定。

  "峰谷气价"模式的优点是储气库运营公司在财务上保持相对独立，调峰主动权高，这有助于提高其积极性。事实上，储气库公司的所有权仍然归属于业主单位，财务之所以能实现独立，是因为从性质上讲其已经成为专业化运营公司，这使储气调峰成本及补贴等工作更易于核算；储气库公司具有独立运营能力，在采购及销售方面有更大的选择余地，有效提高了其经营的积极性；上下游波动对储气库公司排产计划影响较小，在注采气能力的管理和控制上主导权较强。该模式的缺点是容易受供需情况影响，并且可能会受到管输及交接的限制，"一部制"价格模式的沿用导致其财务收支不透明。当出现供需紧张或储气能力不足的状况时，有必要以最低的价格采购资源，并协调下游用户以避免储气库超负荷运作情况的出现；当出现供需宽松或储气能力过剩时，其富余库容不能租出。由于储气库公司的管道不多，可能会导致上游资源无法进入储气库并且无法向下游用户供应之类的情况。

### （二）第二种："租赁库容"模式

"租赁库容"模式的主要特点是储气库不进行独立运作。虽然储气库是天然气产业链中的一部分，但在该模式下，储气库公司只负责储气库的运营，主要承担储气责任，天然气资源的采购与销售不属于其责任范围。储气库公司同各具有储气调峰责任的企业合作时，必须提前就调峰需求量达成协议，约定固定的调峰需求量，协议中的容量费及使用费通过市场定价或成本核算的方式予以确定。此外，储气库公司在供气时要把业主单位的调峰需求放在首位，在库存富余的情况，才可以将富余的储气库库容租给第三方（见图7-4）。

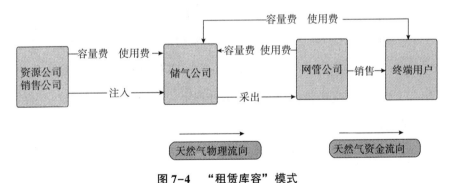

**图7-4 "租赁库容"模式**

资料来源：刘剑文，孙洪磊，杨建红. 我国地下储气库运营模式研究 [J]. 国际石油经济，2018，26（6）：59-67.

该模式以储气库公司为中心，其主要工作是配合上游主体进行调峰，除了收取注采费用外，不具备其他权力。该模式允许储气库富余容量的开放，并鼓励有需求的各主体采取竞价的方式租用储气库，核算使用费及注采费时，以租赁主体实际注入的资源为基础，储气库公司收取产生的资金。

"租赁库容"模式的优点是向第三方开放、储气库利用率高且具有合理的价格机制。在供需宽松且储气能力有富余时，通过对第三方开放这一手段可以使储气库的利用率实现最大化，即使其他主体并没有产生使用费，储气库运行仍有足够的容量费支持。"两部制"价格模式使储气库的运营模式更为透明，这将有效降低未来的成本风险，同时，还能提高其盈利水平。该模式的缺点是我国目前的天然气供需情况基本处于较为紧张的状态，就目前的天然气发展趋势，每年的天然气供需情况相差颇大。对石油公司而言，拿出富余库容对外租赁几乎是不可能的，而且供需情况的波动幅度大，导致石油公司难以把握购销的量。所以，在该模式下，如果一方面想保障储气库公司业主单位的市场稳定运行，另一方面又想实现租赁规模最大化，两者之间必然会出现一定的冲突，这就有必要根据经验对供需形势做出良好的预测，尽量在年初时就签订合同，确定可对外租赁的库容，在采气阶段，不仅要考虑储气库的采气能力，还要根据市场的供需情况来妥善处理协调采气问题，需要建立有效的互通机制，及时沟通，提前做好排产计划。

### （三）第三种："独立仓储"模式

在"独立仓储"模式下，储气库公司的运营彻底独立于产业链中的其他主体。作为一个独立的运营主体，储气库主要承担储气责任，对注采气窗口期进行合理安排，天然气资源的采购与销售并不在其管理范围内，由其他主体承担储气调峰责任。根据公平准入原则将大多数库容进行保留，作为季节调峰气量，客户要想获得储气库的容量权，可以通过买断或租赁的方式。另外，客户还可使用一小部分的库容实现自主运营（见图7-5）。

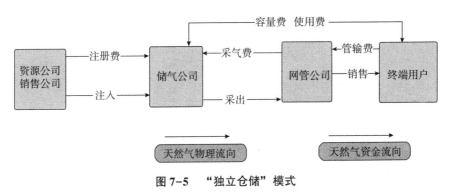

图7-5 "独立仓储"模式

资料来源：刘剑文，孙洪磊，杨建红. 我国地下储气库运营模式研究 ［J］. 国际石油经济，2018，26（6）：59-67.

该模式以储气库公司为中心，储气库根据自身的排产计划安排注采气窗口期，进入储气库的资源途径客户可自行安排，客户还可提前申请注采气规模。实际销售和市场调峰都不属于储气库的工作范围，而是由销售公司或其他市场主体来承担调峰责任，在其负责市场调峰时，储气库通过租赁或买断的方式获取容量，为实现储气库经营效益的最大化，建议采取市场化竞价的方式；在市场化成熟后，独立化运营的储气库公司可开发相关的金融产品以对冲风险，从而稳定价格。

"独立仓储"模式的优点是储气库完全实现市场化运行，完全竞价的模式可以实现利润最大化。在公平准入的环境下，所有主体都能够获得储气能力，使储气市场更加活跃。推出金融产品这一手段不仅能帮助客户规避价格风险，还可以为储气库公司提供套利收入，从总体上来看，有助于提高储气库建设的积极性。该模式的缺点是目前仅有石油公司拥有已建成的储气库，由于储气库建设存在投资大、技术性要求高、独立运营成本高等特点，有的储气库还处于长年亏损的状态，因而，就实际情况来看，该模式的实施困难较大。

服务社会和维护天然气市场平稳运行是我国储气库的主要目标。当"十四五"启动以后，我国天然气行业将处于市场化推进阶段，储气库的独立运营在供需紧张的条件下其难度会增大，为解决所有权及资源交付的问题，建议将储气库与销售公司绑定。此外，还可将"峰谷气价"模式和"租赁库容"模式相结合，形成一个复合模式，并在该复合模式中推行"两部制"价格模式，租赁部分库容。当我国天然气行业基本形成市场化、供需形势有所改善以及地下储气库达到一定规模后，建议实行"独立仓储"方案，即储气库完全独立运行、完全竞价和公平准入。根据我国目前的储气库情况，建议提前做出规划，早日将地下储气库纳入全国产、运、储、销系统的统筹布局中。

## 二、完善天然气调峰储备法律制度的具体措施

政府监管部门在储气业务独立运营之后更要对储气市场的公平竞争、储气价格的合理化和储气服务的规范化等进行严格的监管，这就需要通过完善天然气行业的调峰储备法律制度来加以管理。

### （一）坚持"顶层设计—系统规划—统筹协调"的设计原则

在完善天然气调峰储备法律制度时，建议以"顶层设计—系统规划—统筹协调"为原则开展法律制度的研究和制定工作。首先，在完善初期应当以制定中国天然气战略储备体系规划为首要任务。顶层设计的基础是出台具有倡导性及引领性的政策法规，从而为政策出台提供决策依据。与此同时，对各法律制度进行系统规划，建设合理的法律体系，

以防止重复配置以及区域空白的情况出现。除了对该体系建设予以有效引导外，还应出台可实施行政处罚的基本制度、法律法规、政策及办法，追究各责任主体的法律责任，使追究问责有法可依。其次，在法律法规的实施过程中，需统筹协调各部门的工作，使法律法规能有效地促进高质量天然气的发展，同时，还应对储气库管理体制和管理组织架构模式进行深入研究，为法律法规的更新做好准备工作。最后，在进行法律法规理论研究时，要与管理体制、机制及政策相结合，以防政策的制定出现偏差甚至背道而驰的情形，不断地优化产业体制机制及其配套政策，以更好地促进产业发展。

**（二）明确我国天然气调峰储备法律制度的主体责任**

为了使天然气调峰储备体系能够最大限度地发挥其作用，应以高要求去选择其主体并分配相关责任。调峰储备体系的选址建设及运营只有在明确了主体责任的基础上才具备可操作性，而且，调峰储备法律主体责任的正确合理分配将有利于调峰储备体系的完善和发展，能使天然气调峰达到理想状态，并有效解决居民高峰期的用气需求，这就要求对调峰储备体系建设的主体责任和调峰储备体系运营的主体责任进行完善。地下储气库、LNG 储气库以及输气管末端建设都属于天然气调峰储备体系的建设范围，以上三者建设的选址以及需求的资质条件不同，因而，如果只做一个笼统的规定设计，并不能有效地划分其主体责任，使资源得到合理分配和配置，应该针对地下储气库、LNG 储气库以及输气管末端建设的主体责任分别进行讨论和规制。天然气调峰储备体系的构建并非意味着已经实现了天然气调峰的目的，还要做到平稳高效的运营。不同于调峰储备体系的建设，调峰储备体系的运营是一个更为漫长的过程。因而，明确天然气调峰储备体系的运营主体，并划定明确的责任界限更有必要，有效划分运营主体的责任界限不仅有利于天然气调峰储备体系的平稳运行，还能保障市场需求。目前，根据现行的天然气调峰储备中责任主体的规定，这些规定基本都出现在一些政策性文件中，但都较为模糊。现有的一些地下储气库是基于之前枯竭的气田建立的，而这些枯竭的气田大部分为中石油和中石化所有，因此，就地下储气库的调峰储备而言，石油公司应该扛起保障地下储气库良好运转的大部分责任，当然，政府也有不可推卸的责任。要发挥好自身的优势，在其中进行调节，使其能够更加良好地运转。因而，运营的两大责任主体为政府和石油公司，他们应当共同承担起地下储气库的运营责任。

### （三）建立健全财税支持法律政策

目前，天然气调峰储备在我国处于发展初期，其盈利效果甚微。天然气属于我国的新兴产业，其技术要求相对较高，需要大量的资金投入，因而，需要建立健全财税支持体系，以减轻天然气调峰储备建设经济上的压力，这对我国天然气行业的发展极其重要。大多数天然气储备项目初期投入大，在短期难以实现盈利，即使是把经营和储备结合为一体的 LNG 中继站项目，也需要在所在区域经历一定时间的 LNG 用户培养（包括 LNG 加注用户等），才能实现最终盈利。因此，在项目建成初期，项目不可避免地将面临巨大的损失。为支持其发展，应当通过我国法律法规施以援助。可以在税收上予以照顾，对这种项目实行"三免两减"政策，必要时提供政府补贴，以支持天然气产业的发展；允许天然气储备设施调整折旧，以达到抵免一定税额的作用；建立战略储备气田和储气库建设保障基金，应根据各地的具体情况确定保障基金的额度；制定储备金管理条例，以规范该保障基金的管理运用。

## 三、天然气产业监管体系中的监管机制优化手段

将政府的政策制定和监管职能分开来且由统一的监管机构对天然气

产业活动和服务进行监管是我国能源市场改革的一个重要内容。建立统一的监管机构是监管常规和非常规天然气的第一步。在英国，有独立的天然气与电力监管办公室和垄断兼并委员会等；在美国，设立了联邦能源管制委员会等机构管理天然气产业，英美两国的实践及其结果向我们证明了天然气行业的健康发展离不开独立的监管机构。目前，我国相关管理机构中有几十个部门能够对天然气行业实施管理，它们分别对天然气的开发、定价等工作实施管理，这样的分工使职能分散、重叠的缺点逐渐暴露；然而，在天然气长距离运输和配送等方面，又存在职能缺位的情况。基于此，建议学习英、美等国的发展经验，逐步对我国的能源监管模式实施改革，建立统一的天然气管理相关实施部门，设立专门的监管机构，并完善其职能，从而改善监管职能失位、权责不清和相互推诿的问题，以达到监管模式的有效转型。

**（一）明确监管责任，设立独立的监管部门**

天然气产业监管体系中的监管机制的首要任务就是明确各方的监管责任，并设立独立的监管部门，不仅有助于我国储气库的规范运营，还能为具体监管机制的优化提供支持。在确定监管责任时应从两方面出发，一是地下储气库建设的监管责任，二是 LNG 储备站的监管责任。

一方面，应当明确地下储气库建设的监管责任。枯竭油气藏的选址、相关的自然环境以及周围居民的身体健康都属于地下储气库建设时需要考虑的问题，因此，对地下储气库的监管不仅是对地下储气库本身的建设进行监管，还涉及自然环境以及附近居民的身体健康的监管。建议在地下储气库的监管中设置上级监管部门，并使其担任设计监管标准这一任务，制定天然气行业规范统一的监管体系，制定相对固定化的规定来规范监管的内容及监管的标准，使监管过程中被确定下来的监管部门有可操作的内容。建议国家能源局设置一个独立的监管部门，负责具体的监管工作，并对天然气调峰储备中的地下储气库建设工作实施监管。

另一方面，应明确 LNG 储备站的监管责任。由于 LNG 储备站的建设主要由中海油负责，LNG 接收站运输 LNG 的工具"LNG 船"十分特殊，基本都处于沿海地区的大城市，当地居民对天然气的需求量相较于其他欠发达地区更大，调峰需求也更高。因而，为了最大限度且有效地利用 LNG，大多数调峰储备接收站的建设选址都在沿海地区，不但能就近接受调峰储备气体，而且还能就近进行调峰储备气体的分配，使利用效率达到最大化。此外，沿海地区调峰储备接收站的建设还涉及国防安全问题，因而，除了能源局的努力外，LNG 的监管也是不能忽视的安全问题，所以，需要当地的警察系统配合其工作，共同解决国防安全这一问题。同时，还有一个问题也不能忽视，LNG 的建设对新技术有较大的依赖，而且在资金方面需求缺口巨大，所以，其监管工作涉及的内容更为复杂。在运营的监管方面，主要针对运营主体进行监督管理，以防其在天然气调峰储备体系运营过程中出现不作为的行为，致使工作效率低下。为保障高峰时期居民用气的持续性，建议选择一个部门，专门制定并落实专门的运营政策。天然气调峰储备体系的运营办法应由总管天然气调峰储备的部门进行，再由监督天然气调峰储备的企业为用户提供供气服务，而且必须要使其遵循公平、公正的原则。

## （二）完善监管机构的架构，分散和集中相结合

可依照分散和集中相结合及自上而下和自下而上相结合的方式进行监管机构的设置和完善。在政策法规上，各相关政府部门都有各自的管辖权限，因而，相关的一些监管工作应仍由某些部委继续实施。监管集中是指将主要的监管权集中至一个统一的监管机构，新的监管机构的主要工作包括市场的准入和退出门槛的设立、价格的监管和设定、环境监

管标准的制定以及土地利用监管。首先，对于市场的准入和退出门槛的设立，建议自然资源部将市场准入和退出机制剥离出去，划分至统一的监管部门，并对它们进行监管。其次，对于价格的监管和设定，应将价格监管分配至统一的监管部门，并对其进行管理，如果没有监管价格，统一的监管部门将缺乏有力的监管能力，形同虚设。再次，对于环境监管标准，建议由生态环境部来制定，由监管部门具体实施，即让专业的人干专业的事。最后，在土地利用监管方面，遵循同样的原则，专业事由专业的人来做，土地利用的标准应当由自然资源部制定，再由监管机构具体实施。在自上而下的模式中，在现有的国家电力监管委员会的基础上，国家电力监管委员会应将天然气和二氧化碳市场交易的监管职能纳入其管辖范围，并进行适当更名。在自下而上的监管模式中，应大力充实并拓展地方能源和碳市场交易监管委员会的能力，配备一支独立专业的人力监管团队进行管理。另外，可以根据当地情况，对一些工作进行适当调整，如对上级监管部门所赋予的价格监管和环境监管工作进行调整，但要遵循一定的原则，总的要求是，地区在制定环境标准和社会影响标准时，以国家标准的制定水平为基准，不得低于国家标准。同样，价格监管也应视各地的具体情况进行不同处理。根据区域市场的供需关系，在大多数地区可以较大幅度地放松，甚至放开对气价的监管，如东部地区的天然气销售价格应逐渐接近进口 LNG 的价格，中西部地区的天然气价格也可适当调整，可以采用不同的价格模式（季节性调节价格模式和天然气阶梯价格模式）。此外，对于地方的检查监督，中央监管机构应逐步加强，一旦出现事故或者监管问题，上级部门应立即采取相应的解决措施，地方监管部门应听取上级部门的建议或者要求，对这些问题进行改正，并积极落实各种改进策略。在地方监管机构的设置上，中央监管机构派出相关监管单位，并掌握该单位的人事权，直接控制并管辖这些派出的监管单位。地方只设立一级监管部门，各地方监管单位的经费应由中央监管机构拨出，中央监管机构可以通过资源税或零售气价等收取这些经费。在这样的"分散＋集中"监管架构下实施监管工作，不仅方便管辖，还可以有效地遏制地方为发展页岩气而降低环保监管要求的不良现象。

## 四、坚持储气产业市场化改革，提高商业化水平

### （一）国家负责投资，混合所有制投资运营

党的十八届三中全会对非国有资本参股国有资本投资项目提出鼓励，多个市场证明，社会资本的参与将会丰富市场的多样性，并为之带来更大的效益。我国天然气战略储备也可以建立合适的混合所有制管理模式，采用多元化投资，开展市场化运作。建议国家负责投资，混合所有制投资运营，市场化运作的规范管理应当遵循"谁投资、谁经营、谁受益"的原则。在生产储备和商业储备上，可采取自主运营的管理模式，即以天然气开发经营公司及其他投资主体为运营主体。应鼓励社会资本和城市燃气企业积极参与城市天然气储气设施和 LNG 接收站的投资建设，同时，也要将储气、管网和 LNG 接收站等基础设施的投资、建设和运营向第三方公平开放，在用气高峰期允许储备气源参照市场化价格销售。

### （二）实施"放开两头、管住中间"的价格政策

天然气产业政策系统的核心是价格政策，建议实施"放开两头、管住中间"的价格政策，让市场来定价。市场定价的优点如下：一是使天然气企业公平竞争，从而提高天然气产业的运营效率；二是使高成本气源得到有效开发，从而抑制天然气低效利用的行为；三是使可中断用气

和天然气储备得到鼓励，从而保障供气安全。上游开放准入和管网设施公平开放是市场定价的基本前提，开放上游准入可以实现供气主体多元化，将会带来更多的天然气供给量，为天然气市场定价创造更佳的条件。在开放上游准入之前，要先制定上游准入标准，防止乱入现象发生，其中，完善矿权管理是必不可少的一部分，还应改革国家石油公司，建立合理的税费制度，吸引更多的社会资本加入。同时，管网设施公平开放也极为重要，它是建立竞争性天然气市场的关键，只有在管网设施公平开发的前提下，才能做到或实现上游开放准入和天然气市场定价，而且公平开放还有利于提升中游的输送能力，提高管道设施的利用率和天然气行业的运营效率。此外，管网设施公平开放还是天然气储备的必要条件，"两部制"价格在管道运输中能够为天然气储备提供部分价值空间。要想做到管网设施公平开放，就要做到运销分离、信息公开和监管加强。政府监管是天然气行业健康发展的基石，按照"放开两头、管住中间"的理念，管网设施公平开放和服务价格是天然气行业监管的主要对象。政府监管的范围包括上游准入、市场竞争和天然气储备三个方面，政府监管的内容主要包括对其立法和权责进行加强，还有监管机构的统一以及监管工具的丰富。

**（三）以竞争为主导，推进天然气交易中心形成市场交易价格**

为推进天然气价格的市场化发展，国家发展和改革委员会推行了又一举措，即在天然气交易中心进行管道天然气现货交易。近期，在以国家发展和改革委员会为主的各部门出台的一系列与天然气相关政策和文件中，多次提出要利用现有的天然气交易平台开展天然气现货交易，天然气市场价格由供需双方的竞争形成。在 2017 年，上海交易中心的管道天然气现货竞价交易就得到了积极的市场反应，这也使以竞争为主导的交易价格得到了国家发展和改革委员会的认可和支持，交易中心作为主导者，应当形成更加市场化的交易模式，促成更多的交易量，积极拓展天然气交收区域。

### （四）利用现代金融工具，提升战略储备体系的商业化水平

现代金融工具已逐渐成为各市场的主流交易工具，同样，我国天然气市场也具备利用现代金融工具的条件，通过有效利用现代金融工具，可以达到提高我国天然气战略储备体系商业化运营管理水平的目的，使我国的天然气发展再上一个台阶。为充分发挥储气库的商业和金融功能、实现储气库作业市场化，必须建立天然气现货与期货市场，以及储气库容量一级、二级交易市场，逐步放开价格管制，建成储气服务交易一级市场。首先，为构建输销分离、设计合理的天然气运输收费体系，我国的天然气储备服务市场必须有序建立。此外，现代金融工具能够为中国金融市场与国际接轨创造条件，有效增强我国在天然气国际贸易中的议价能力以及话语权。从目前看来，天然气已经成为世界各国的重要交易商品之一，国际天然气现货和期货价格形成机制在供需、投资和市场预期等多种因素的影响下变得越来越复杂，其起伏波动也越来越大，这无疑增大了天然气的价格风险，而天然气供需安全的核心就是价格安全，如果价格风险过高，就会极大地影响天然气的供需。未来，中国天然气进口将同石油一样需要支出大量的外汇，作为世界上最大的天然气进口国，中国必须努力提高自身在天然气贸易方面的议价能力，通过有效的金融手段，不断扩大天然气进口用汇额度，有效缩小中国进出口贸易顺差，努力形成逆差，从而降低我国的外汇储备额度。目前，全球供需处于相对宽松的状态，而中国天然气需求空间巨大，应当在追求稳健的前提下，尽力把需求转化成国际市场上的博弈优势。我国可适当借鉴日本对其石油天然气和金属矿产资源机构的做法，对世界天然气供需格局进

行深入研究，深刻分析价格形成机制、天然气贸易主体及其利益相关机制，培养具有国际竞争力的中国大宗商品贸易商，充分利用期权、期货等衍生金融工具，发挥好我国天然气期货市场的作用，有效提升战略储备体系的商业化水平和我国在天然气定价方面的国际话语权。

# 第八章

# 研究结论与展望

## 第一节　主要研究结论

天然气储备体系的构建能够有效应对天然气能源危机，保障天然气供给安全，减轻环境污染，促进经济社会的全面可持续发展，这是我国天然气发展的必然选择。本书基于大量国内外文献的相关结论，利用丰富的数据和相应的数据分析方法对我国天然气能源安全现状和未来发展趋势进行了定量研究，并运用层次分析法对我国天然气储备政策的绩效进行了评估，最终提出了促进我国天然气储备体系构建的政策优化路径和制度安排。主要的研究结论如下：

（1）从国内外文献来看，国外学者关于天然气战略储备的研究早于我国。一些发达国家，如美国、日本、韩国等，都建立了较为完备的天然气战略储备体系，我国应积极借鉴发达国家的先进经验，根据我国国情，建立科学的天然气战略储备体系与管理制度。

（2）天然气资源是随勘探开发技术的发展而不断变化的。随着需求量的不断增长，天然气资源的勘探开发领域不断扩大，资源类型不断增多，资源总量不断增加。油气地质理论的发展及技术的进步使天然气资源的类型和范围不断扩大，天然气资源总体呈增加趋势。我国天然气行业发展的主要矛盾已经发生了重大变化，行业发展需要更多地关注非常规资源的开发以及季节性的需求差异，着力解决天然气储气调峰问题。我国天然气能源安全度受天然气资源的可获得性、技术的可适用性、社会的可接受性和能源资源的可支付性的共同影响。目前，我国天然气能源安全形势不容乐观，安全度处于缓慢下降的阶段，主要受资源可获得能力和资源可负担能力下降的影响，今后，加强天然气能源储备、保障天然气进口和争取天然气国际定价权将成为影响我国天然气能源安全度的重要因素。

（3）通过对我国天然气储备建设现状的分析，结合国外经验，我国应从以下四个方面来更好地建设我国天然气储备体系：第一，加大对天然气储备的重视，给予一定财政补贴。第二，加快我国天然气储备库整体规划。第三，积极引进社会资本进入天然气领域。第四，加快天然气管道设施和储气库技术的研发步伐。

（4）通过对我国天然气产业政策和天然气储备政策的研究及评价，应从明确保供责任，培育储气市场；鼓励合作建库，寻找多种盈利模式；实施财政补贴，降低税收负担三个方面提出改进措施。

（5）天然气储备体系需要国家储备、商业储备与义务储备的共同作用，引入民营企业参与储备体系建设是未来的发展方向。应选择储气库与LNG中继站相结合的储备模式，合理布局，同时，注重固态水合物储运技术的研发。

（6）面对国内外的挑战，加快我国天然气战略储备建设是十分必要和迫切的。天然气战略储备建设是一项复杂而庞大的系统工程，考虑到中国的国情，未来有必要率先建立天然气战略储备。因此，在实施天然气储备"两步走"战略的过程中，必须对天然气储备的法规制度、运营模式、监管体制和市场化机制的建设与推进予以高度重视，这些都是我国在建立天然气战略储备时需要考虑和解决的问题。作为天然气储备相对较弱的国家，我国应积极学习国外的先进技术和管理经验，同时结合我国的实际国情，加快推进天然气储备体系建设，建成一个多渠道、管网互联互通、制度完善的天然气储备体系，以更好地维护我国的能源安全。

# 第二节　未来研究方向

尽管经过了多次修改和完善，但随着研究的逐步深入，笔者深感自身学术素养和知识积累的不足，考虑到文献来源和数据披露的局限性，本书仍需进一步完善和补充。笔者认为有以下几点需要进一步完善：

（1）在研究内容方面，由于天然气储备体系涉及的环节较多，理论框架的构建标准不同，支持政策的内涵宽泛，笔者实践经验有限，所以，只能根据现有的知识和行业数据来对我国天然气储备体系的构建和政策优化进行整体分析，难以细分，这在一定程度上会影响本书观点的准确性。笔者希望今后的研究重点能够集中在天然气储备体系的某一具体环节，缩小研究范围，为政策优化提供更有价值的建议。

（2）在实证分析方面，由于天然气安全的影响因素具有复杂性，除了本书提到的因素外，还有其他社会因素。这些因素目前还无法用具体的指标来衡量，因此，本书在建模时没有对其进行量化，需要在今后的研究中进一步完善和细化。

（3）在策略建议方面，在给出我国天然气储备体系建设和政策优化的建议时，由于涉及范围较广，很难使这项政策涵盖所有方面。随着笔者对我国天然气储备政策优化路径理解的加深，可以在未来的研究中提出更有针对性、更有效的策略和建议。

# 参考文献

［1］ Dong Y. H. , Gao H. L. , Zhou J. E. , et al. Mathematical Modeling of Gas Release Through Holes in Pipelines ［J］. Chemical Engineering Journal, 2003, 92 （1-3）: 237-241.

［2］ Lee S. M. , Chang Y. S. , Choi J. B. , et al. Probabilistic Integrity Assessment of Corroded Gas Pipeline ［J］. Journal of Pressure Vessel Technology, 2006, 128 （4）: 547-555.

［3］ Clark J. Nature Gas Poised to Overtake Oil Use by 2025 ［J］. Oil and Gas ［J］. Journal. 2004, 102 （9）: 20-21.

［4］ Skrebowski, Chris. Gas is Key to Meeting Rising Regional Energy ［J］. Demand, Petroleum Review, 2004 （11）: 14-24.

［5］ Yao L. X. , Chang Y. Energy Security in China: A Quantitative Analysis and Policy Implications ［J］. Energy Policy, 2014 （67）: 595-604.

［6］毕玉明. 石油天然气安全事故应急管理策略 ［J］. 石化技术, 2018, 25 （11）: 228.

［7］郑言. 我国天然气安全评价与预警系统研究 ［D］. 中国地质大学博士学位论文, 2013.

［8］史东磊, 周星邑, 陈昭名, 等. 天然气工程建设及运行安全管理策略探究 ［J］. 化工管理, 2019 （34）: 101-102.

［9］陈建强. 石油天然气安全事故应急管理策略探究 ［J］. 化工管

理，2018（19）：92.

［10］李国辉，尹振香．石油天然气生产储运中安全管理策略研究［J］．化工管理，2020（18）：85-86.

［11］赵春光．石油天然气生产储运中安全管理策略研究［J］．工程建设与设计，2018（22）：247-248.

［12］张均伟，路敏，李成家，等．探讨石油天然气生产储运中安全管理标准及策略［J］．云南化工，2020，47（5）：138-140.

［13］余龙辉．新形势下天然气管网安全管理及主动防御策略分析［J］．低碳世界，2020，10（5）：111-112.

［14］吴云鹏．天然气管道及场站安全管理的有效策略［J］．中国石油和化工标准与质量，2019，39（4）：73-74.

［15］刘彬，王影，于昊，等．天然气场站电气自动化设备安全运行策略探究［J］．中小企业管理与科技（下旬刊），2019（9）：27-28.

［16］朱奕霖，张建飞．天然气场站电气自动化设备安全运行策略探究［J］．中国设备工程，2019（9）：45-47.

［17］郑杰，王迪．论企业天然气安全评价与预警系统［J］．中国新技术新产品，2014（9）：192.

［18］田时中，黄炎，王子迪．天然气供给安全评价指标及实证研究［J］．中国国土资源经济，2016，29（6）：54-60.

［19］吴仕业．我国天然气供应的安全评价研究［J］．科技与企业，2014（5）：139.

［20］马文浩．中国天然气产业生产环节安全评价［J］．现代管理科学，2016（2）：48-50.

［21］吴猛，刘武．天然气站场安全评价技术及相关标准规范［J］．化工管理，2018（34）：105-106.

［22］李孟秋．天然气站场危险性评价及安全保障体系的建立［J］．化工管理，2016（14）：274．

［23］王晓宇．中国天然气供应安全评价及对策［J］．中国石油大学学报（社会科学版），2015，31（1）：6-10．

［24］郭明晶，卜炎，陈从喜，等．中国天然气安全评价及影响因素分析［J］．资源科学，2018，40（12）：2425-2437．

［25］高峰．浅析影响天然气管道安全的因素及保护措施［J］．化工设计通讯，2018，44（2）：31．

［26］周明亮．试论建立天然气战略储备的必要性和紧迫性［J］．企业改革与管理，2020（10）：223-224．

［27］江华清．天然气储备与消耗及应对措施［J］．中国科技信息，2015（2）：55．

［28］张琼，董秀成，张彦明，等．构建我国天然气战略储备制度的研究［J］．价格理论与实践，2012（11）：74-75．

［29］朱泽橙，朱塑．对我国天然气储备能力建设的思考［J］．中国市场，2018（23）：14-15，23．

［30］陈新松，孙哲．提高中国天然气储备能力的政策法规途径［J］．天然气工业，2020，40（2）：159-164．

［31］赵水根，李越，王晓东，等．特大型城市天然气储备与应急调峰［J］．煤气与热力，2013，33（11）：8-12．

［32］胡奥林，余楠．国外天然气战略储备及其启示与建议［J］．天然气技术与经济，2014，8（1）：1-5，77．

［33］田静，魏欢，王影．中外地下储气库运营管理模式探讨［J］．国际石油经济，2015，23（12）：39-43，49．

［34］杨光．欧盟能源安全战略及其启示［J］．欧洲研究，2007

（5）：56-72，159-160.

［35］吴志忠．日本能源安全的政策、法律及其对中国的启示［J］.法学评论，2008（3）：117-125.

［36］孟浩．美国储气库管理现状及启示［J］.中外能源，2015，20（1）：18-24.

［37］李云鹤，肖建忠，黎明．中国天然气能源安全评价研究［J］.华中师范大学学报（自然科学版），2020，54（2）：313-323，332.

［38］林延捷，王润，刘健，等．东南沿海区域天然气能源安全评价研究［J］.环境科学与技术，2013，36（S1）：445-450.

［39］周怡沛，周志斌，胡俊坤，等．关于我国天然气战略储备研究［J］.宏观经济研究，2015（6）：44-48.

［40］吴初国，刘增洁，崔荣国．能源安全状况的定量评价方法［J］.国土资源情报，2011（1）：40-44.

［41］吴初国，何贤杰，盛昌明，等．能源安全综合评价方法探讨［J］.自然资源学报，2011，26（6）：964-970.

［42］薛光林．我国建立天然气战略储备势在必行［N］.人民政协报，2018-03-05（026）.

［43］佘源琦，王小勇，高阳，等．中国天然气供需形势分析及发展建议［J］.天然气技术与经济，2019，13（6）：7-13.

［44］孟超．中国天然气安全综合评价与对策研究［D］.西北大学博士学位论文，2016.

［45］周庆凡．全球液化天然气市场前景展望［J］.石油与天然气地质，2017，38（2）：206.

［46］杨莉娜，韩景宽，王念榕，等．中国LNG接收站的发展形势［J］.油气储运，2016，35（11）：1148-1153.

［47］高鹏，王培鸿，王海英，等．2014 年中国油气管道建设新进展［J］．国际石油经济，2015，23（3）：68-74，111-112.

［48］魏欢，田静，李建中，等．中国天然气地下储气库现状及发展趋势［J］．国际石油经济，2015，23（6）：57-62.

［49］刘满平．天然气价格改革的国际经验借鉴、难点及对策［J］．价格与市场，2012（3）：21-23.

［50］周志伟，周志斌，周怡沛．我国天然气市场变革与价格改革的思考——基于管道联网条件下的研究［J］．价格理论与实践，2011（8）：39-40.

［51］周怡沛．川渝地区天然气市场协调发展与价格的关系［J］．国际石油经济，2009（3）：48-54.

［52］李国兴．地下储气库的建设与发展趋势［J］．油气储运，2006（8）：4-6.

［53］耿江波．国际天然气市场及中国液化天然气供应安全策略研究［D］．中国科学技术大学博士学位论文，2014.

［54］潘旭明．美国的国际能源战略研究———一种能源地缘政治学的分析［D］．复旦大学博士学位论文，2010.

［55］陈守海，罗彬，姚珉芳．我国天然气储备能力建设政策研究［M］．北京：中国法制出版社，2017.

［56］孙慧．我国天然气产业结构分析与优化升级研究［D］．中国地质大学博士学位论文，2018.

［57］中华人民共和国中央人民政府．国家发展和改革委员会关于印发《天然气管道运输价格管理办法（试行）》和《天然气管道运输定价成本监审办法（试行）》的通知［EB/OL］．［2016-10-12］．ht-tp：//www．gov．cn．/xinwen/2016-10/12content-5117959.htm.

［58］中华人民共和国中央人民政府．中共中央国务院印发《关于深化石油天然气体制改革的若干意见》［EB/OL］．［2017-05-21］．http：//www．gov．cn/zhengce/2017-05/21/content-5195683．htm．

［59］刘满平．《天然气管道运输价格管理办法》解读［J］．宏观经济管理，2016（10）：49-52．

［60］王凤华．解读油气改革方案［J］．股市动态分析，2017（21）：8-9．

［61］晓宇．油气体制改革八方面重点任务明确［J］．经济研究参考，2017（30）：33-34．

［62］李婕．我国天然气调峰储备法律制度研究［D］．西南石油大学硕士学位论文，2018．

［63］陈新松．天然气领域相关新政策法律解读［J］．上海煤气，2014（5）：28-33．

［64］刘伟．中国能源安全评价指标体系设计与实践［D］．中国地质大学硕士学位论文，2019．

［65］来俊．浙江电网调控运行业务调度人员承载力分析［D］．兰州理工大学硕士学位论文，2019．

［66］国家发展和改革委员会、国家能源局关于印发能源发展"十三五"规划的通知［J］．煤气与热力，2017，37（4）：1-23．

［67］杜祥琬．对我国《能源生产和消费革命战略（2016—2030）》的解读和思考［J］．中国科技奖励，2017（4）：6-7．

［68］国务院办公厅转发发展改革委关于建立保障天然气稳定供应长效机制若干意见的通知［J］．辽宁省人民政府公报，2014（9）：8-10．

［69］国务院公布．《城镇燃气管理条例》明年3月1日起实施［J］．城市规划通讯，2010（23）：9．

［70］王岚，孟燕凤．基于 AHP 法的 Z 公司财务绩效评价［J］．中国经贸导刊（中），2020（3）：130-131.

［71］邱灶杨，张超，陈海平，等．现阶段我国生物天然气产业发展现状及建议［J］．中国沼气，2019，37（6）：50-54.

［72］吕淼．国际经验对我国天然气储备设施建设的启示［J］．能源，2016（8）：88-91.

［73］油气上游勘探全面开放"朋友圈"［N］．中国能源报，2020-01-16.

［74］陈新松．2016 年度天然气领域新出台政策法规观察［J］．城市燃气，2017（4）：34-39.

［75］杨歌．页岩气"十三五"规划出炉 行业将迎来井喷发展［N］．机电商报，2016-10-17（A03）．

［76］张一鸣．应抓住时间窗口降低企业用气成本［N］．中国经济时报，2016-09-05（006）．

［77］刘建辉．天然气储运关键技术研究及技术经济分析［D］．华南理工大学博士学位论文，2012.

［78］付尧．浅谈我国天然气储运设施现状及发展趋势［J］．化工管理，2018（7）：210.

［79］巩艳．水合物法储运天然气技术［J］．内蒙古石油化工，2017，43（10）：93-95.

［80］朱宵悦，叶如茵．浅析天然气储运技术的现状及发展趋势［J］．石化技术，2017，24（10）：192.

［81］刘伟．液化天然气（LNG）储运的安全技术及管理措施［J］．化工管理，2017（27）：189.

［82］万群峰．我国天然气储运设施现状及发展趋势［J］．中国石

油和化工标准与质量，2017，37（12）：102-103.

[83] 单蕾，孙慧，艾勇，等．我国天然气储运设施现状及发展趋势 [J]．石油规划设计，2016，27（5）：1-5，54.

[84] 任勇，张颖，刘霁霄，等．天然气储运关键技术研究及技术经济分析 [J]．中国石油石化，2016（S1）：274.

[85] 王博，赵龙．水合物储运天然气技术特点及应用分析 [J]．化工管理，2015（23）：143-144.

[86] 李持佳，周磊，胡周海，等．建立多层级京津冀天然气储备体系 [J]．煤气与热力，2019，39（2）：31-33，44.

[87] 沈鑫，陈进殿，魏传博，等．欧美天然气调峰储备体系发展经验及启示 [J]．国际石油经济，2017，25（3）：43-52.

[88] 周娟，王庆，王馨，廖阔．中国天然气体制改革进展与前瞻 [J]．天然气技术与经济，2018，12（6）：72-76，84.

[89] 张颢，杜波．关于完善储气调峰定价机制的探讨 [J]．国际石油经济，2018，26（7）：38-43.

[90] 刘剑文，孙洪磊，杨建红．我国地下储气库运营模式研究 [J]．国际石油经济，2018，26（6）：59-67.

[91] 周建，段勇，代晓英，邹晓琴．中国西南天然气战略储备中心建设的思路与途径 [J]．油气储运，2017，36（9）：987-992.

[92] 牛琦彬．美国政府对天然气市场监管的历史演变及启示 [J]．中国石油大学学报（社会科学版），2017，33（1）：1-5.

[93] 周志斌，李妍楠．以开放性思维发展天然气储备 [N]．中国石油报，2014-12-23（002）.

[94] 冯相昭．中国天然气开发的环境监管制度 [J]．环境保护与循环经济，2014，34（8）：4-8.

［95］林明彻，李晶晶，杨富强．建立促进页岩气发展的监管体制——放松价格监管和加强环境监管［J］．中国能源，2012，34（10）：8-14.

［96］王冰．我国天然气产业发展战略储备体系构建与 LNG 中继站建设［D］．中国地质大学博士学位论文，2012.

# 后　记

矿产资源是生产资料和生活资料的基本源泉之一，是人类赖以生存和发展的物质基础。能源作为矿产资源的重要组成部分，是现代社会人类生存和发展的主要能源支撑。半个多世纪以来，特别是近 30 多年来，中国能源的开发利用支撑了中国经济的高速发展，但同时也引发了一系列问题。这些问题和矛盾是中国进一步发展必须要面对和解决的。生态文明建设要求从源头上扭转生态环境恶化的趋势，在能源的开发利用过程中，要保证矿山环境扰动量小于区域环境容量，实现能源开发最优化和生态环境影响最小化。因此，在生态文明建设背景下研究能源的开发利用，对认识和解决我国的能源和环境问题具有非常重要的现实意义。

本书的出版得到了江西省高校哲学社会科学重点研究基地招标项目"我国天然气储备体系构建与制度优化研究"、东华理工大学地质资源经济与管理研究中心、东华理工大学"核资源与环境经济"创新团队、东华理工大学资源与环境经济研究中心及江西省资源与环境战略软科学研究培育基地的联合资助。

本书的写作得到了众多老师和朋友的帮助，在此表示诚挚的谢意。首先要感谢经济与管理学院的邹晓明教授和熊国保教授，他们为本书的创作提供了良好的条件，在写作和研究过程中也给予了很多帮助和启发，对本书质量的提高具有很大的作用。在研究和写作过程中，学生袁悦、齐玉、王汝、李梦莲、刘璐、邓远和李文靖等在资料收集和相关研究方面做了大量的工作，在此表示感谢！

本书不仅参考了大量的文献资料，还借鉴了很多相关领域学者的研究成果，并援引了其中的一些观点，同时充分利用互联网等信息媒介获取了最新资料，在此，对本书所引用资料的作者表示真诚的感谢。

随着研究的不断深入，我们愈加意识到本书涉及的研究难度之大、问题之复杂、涉及面之广，受笔者研究水平所限，书中难免有不当和错漏之处，敬请读者批评指正。

马杰

2020 年 9 月